Zwangsarbeit in Hagen während des Zweiten Weltkriegs

von

Jörg Fritzsche

Tectum Verlag
Marburg 2005

Fritzsche, Jörg:
Zwangsarbeit in Hagen während des Zweiten Weltkriegs
/ von Jörg Fritzsche
- Marburg : Tectum Verlag, 2005
ISBN 978-3-8288-8971-2

© Tectum Verlag

Umschlagabbildung: Zwangsarbeiter bei der Schutträumung nach einem Luftangriff in der Hagener Innenstadt, Oktober 1943 (Stadtarchiv Hagen, Fotoarchiv)

Tectum Verlag
Marburg 2005

Tabellenverzeichnis.. 3

1. Einleitung... 5

2. Vorgeschichte und Entwicklung der Zwangsarbeit in
   Deutschland.. 14
   2.1 Zwangsarbeit im Ersten Weltkrieg.. 14
   2.2 Ausgangslage und Hintergründe für den „Reichseinsatz"................. 17
   2.3 Anwerbung und Deportation – Arbeitskräftebeschaffung im
       besetzten Europa.. 22

3. Die Stadt Hagen im 2. Weltkrieg.. 28
   3.1 Vorbemerkungen über die Stadt.. 28
   3.2 Der Kriegsverlauf in Hagen.. 30
   3.3 Batterien und Stahl - Die Hagener Rüstungsindustrie.......................... 31

4. Umfang und Phasen der Ausländerbeschäftigung................................... 36
   4.1 Beute aus den „Blitzkriegen" – Der Einsatz von Kriegsgefangenen... 36
   4.2 „Arbeitsvölker" aus dem Osten... 42
   4.3 Der Arbeitseinsatz im „Totalen Krieg"... 45

5. Die Rolle der Kommune im „Arbeitseinsatz"... 50
   5.1 Zwangsarbeit im Dienste der Öffentlichkeit.. 50
   5.2 Die indirekte Beteiligung der Stadtverwaltung....................................... 53

6. Exkurs: Rassismus und Diskriminierung.. 56
   6.1 Rassistische Hierarchie der Ausländergruppen...................................... 56
   6.2 Die „Ostarbeitererlasse"... 58

7. Lebens- und Einsatzbedingungen.. 60
   7.1 Arbeitsbedingungen... 60
   7.2 Ernährung... 65
   7.3 Lager und Bewachung.. 68
   7.4 Deutsche und Ausländer – Soziale Kontakte und Freizeit.................... 74
   7.5 Luftschutz... 78
   7.6 Hygiene und medizinische Versorgung... 80

8. Strafsystem, Repression und Terror... 84
   8.1 Betriebliche und staatspolizeiliche Disziplinierung............................... 84
   8.2 Arbeitserziehungslager.. 90

9. Die letzten Monate – Radikalisierung, Auflösung und Mord................. 94

10. Zusammenfassende Schlußbetrachtung.. 97

11. Quellenverzeichnis 101
   11.1 Archivalische Quellen 101
      11.1.1 Stadtarchiv Hagen (StadtA Hagen) 101
      11.1.2 Stadtarchiv Halver (StadtA Halver) 102
   11.2 Quellen in digitaler Edition im Internet 102
   11.3 Gedruckte Quellen 103

12. Literaturverzeichnis 104

Dank 111

Tabellenverzeichnis

Tabelle 1:	Ausländische Zivilarbeiter/Kriegsgefangene nach Herkunftsländern	27
Tabelle 2:	Ausländische Kriegsgefangene und Zivilarbeiter in Hagen	41
Tabelle 3:	Altersverteilung	49
Tabelle 4:	Bezahlung der Arbeit von Kriegsgefangenen	63
Tabelle 5:	Offizielle Wochenrationen, Oktober 1943	65
Tabelle 6:	Lagergröße	70

1. Einleitung

„Der nationalsozialistische Ausländereinsatz zwischen 1939 und 1945 stellt den größten Fall der massenhaften, zwangsweisen Verwendung von ausländischen Arbeitskräften in der Geschichte seit dem Ende der Sklaverei im 19. Jahrhundert dar."[1] Mit diesen Worten beschreibt der Freiburger Historiker Ulrich Herbert das historische Phänomen, das im Mittelpunkt dieser Arbeit steht: der nationalsozialistische Zwangsarbeitereinsatz.

Über 10 Millionen[2] Menschen mußten als Zivilarbeiter oder Kriegsgefangene während des Zweiten Weltkrieges im nationalsozialistischen Deutschland arbeiten. Ohne ihren Einsatz wäre das Deutsche Reich rüstungswirtschaftlich, spätestens seit 1942, nicht mehr in der Lage gewesen, den Krieg zu führen und die Versorgung der deutschen Bevölkerung zu sichern.

Im heutigen Stadtgebiet von Hagen waren gut 33.000[3] ausländische Arbeitskräfte in Handwerks- und Industriebetrieben, bei der Reichsbahn und in anderen öffentlichen Einrichtungen beschäftigt. Über Jahre hinweg arbeiteten in den Fabriken deutsche und ausländische Arbeitskräfte zusammen, die zahlreichen Lager in denen sie leben mußten, bestimmten das Stadtbild. Trotz dieser allgegenwärtigen Präsenz der zahlreichen Zwangsarbeiter, erinnern heute nur noch wenige Spuren in der Stadt an diese Menschen. Allein die Gräberfelder auf den kommunalen Friedhöfen lassen erahnen, welche Folgen die Zwangsarbeit für die zwangsverpflichteten oder verschleppten Frauen, Männer und Kinder haben konnten. In den Nürnberger Prozessen und den Nachfolgeprozessen mußten sich neben dem Hauptangeklagten, dem Generalbevollmächtigten für den Arbeitseinsatz (GBA), Fritz Sauckel, auch namhafte Ver-

---

1   Herbert, Ulrich: Der „Ausländereinsatz" in der deutschen Kriegswirtschaft 1939-1945, in: Spanjer, Rimco, Oudesluijs, Diete, Meijer, Johan (Hrsg.): Zur Arbeit gezwungen. Zwangsarbeit in Deutschland 1940-1945, Bremen 1999, S.13-22, hier S. 13.
2   Gesicherte Zahlenangaben über den quantitativen Umfang des Ausländereinsatzes liegen nicht vor. Ulrich Herbert geht von etwa 10 Millionen Menschen aus, vgl. Herbert, Ulrich (Hrsg.): Europa und der „Reichseinsatz". Ausländische Zivilarbeiter und KZ-Häftlinge in Deutschland 1938-1945, Essen 1991, S. 7. Mark Spoerer schätzt die Gesamtzahl, durch ein höheres Ansetzen der Fluktuation, auf 13,5 Millionen, vgl. Spoerer, Mark: NS-Zwangsarbeiter im Deutschen Reich. Eine Statistik vom 30. September 1944 nach Arbeitsamtsbezirken, in: Vierteljahrshefte für Zeitgeschichte 49 (2001), S. 665-684, hier S. 665.
3   Diese Zahl, wie auch alle weiteren statistischen Daten zum Zwangsarbeitereinsatz in Hagen, beruhen auf Auswertungen der Zwangsarbeiter-Datenbank des Historischen Centrums-Hagen durch den Verfasser.

1. EINLEITUNG

treter der deutschen Industrie unter dem Anklagepunkt der „Beschäftigung von Sklavenarbeitern" verantworten.

Trotz seiner Dimension gab es in der bundesdeutschen Historiographie zunächst keine Bestrebungen, dem Gesamtkomplex des Ausländereinsatzes in Deutschland während des Zweiten Weltkrieges nachzugehen.[4] Die erste systematisch-deskriptive Studie veröffentlichte Edward Homze[5] im Jahre 1967. Sie beruhte auf den Materialien, die us-amerikanische Ermittler nach Kriegsende in Deutschland gesammelt hatten und die auch in Vorbereitung der Nürnberger Prozesse ausgewertet wurden. Die ein Jahr später publizierte Dissertation von Hans Pfahlmann[6] stellt eher die Erlasse und Verordnungen der NS-Bürokratie in den Vordergrund, ohne die Realität des „Ausländereinsatzes" zu hinterfragen. Die DDR-Geschichtsschreibung befaßte sich seit den 1950er Jahren mit der Geschichte der Ausländerbeschäftigung in Deutschland und damit auch mit dem Zwangsarbeitereinsatz. Dabei wurden durchgängig, gemäß der marxistischen Maxime, die Großkonzerne als maßgebliche Förderer und Gewinner des Zwangsarbeitsystems hervorgehoben. Anfang der 1970er Jahre wurde an der Universität Rostock eine eigene Forschergruppe mit der Untersuchung der „Fremdarbeiterpolitik des Imperialismus" betraut.[7] In der westdeutschen Forschung wurde der nationalsozialistische Ausländereinsatz erst wieder 1985 mit der bis heute als Standardwerk geltenden Dissertation von Ulrich Herbert thematisiert.[8] Auf einer breiten Quellenbasis untersucht Herbert die politisch-ökonomischen Entscheidungsprozesse zum Zwangsarbeitereinsatz und vergleicht diese mit dem Alltag der ausländischen Arbeiter, um ein differenziertes Bild des nationalsozialistischen „Reichseinsatzes" zu gewinnen. Sowohl auf der Makroebene – der bürokratischen Verwaltung – wie auf der Mikroebene – der Umsetzung vor Ort – wird der Dauerkonflikt zwischen dem Primat der Politik und dem Primat der Ökonomie herausgearbeitet. Ulrich Herbert verfolgt dieses den „Ausländereinsatz" grundlegend bestimmende Wechselspiel und betont den Unrechtscharakter vieler Aspekte des Zwangsarbeitereinsatzes, sowie die Mitwirkung breiter

---

4   Eine Ausnahme bildet Brozat, Martin: Nationalsozialistische Polenpolitik 1939-1945, Stuttgart 1961. In dieser Arbeit thematisiert Brozat u.a. die Deportationspolitik zum Arbeitseinsatz ins Reich.
5   Homze, Edward L.: Foreign Labor in Nazi Germany, Princeton 1967.
6   Pfahlmann, Hans: Fremdarbeiter und Kriegsgefangene in der deutschen Kriegswirtschaft 1939-1945, Darmstadt 1968.
7   Ein Überblick zur DDR-Forschung und ihren Ergebnissen findet sich bei Herbert, Ulrich: Fremdarbeiter. Politik und Praxis des „Ausländer-Einsatzes" in der Kriegswirtschaft des Dritten Reiches, Berlin, Bonn 1999², S. 14ff. (im folg. zit.: Herbert, Fremdarbeiter).
8   Ebd.

Teile der Privatwirtschaft. Durch diese Studie wurde der Forschung ein entscheidender Impuls versetzt, und bis heute ist eine nahezu unüberschaubare Vielzahl an unterschiedlichen Studien zum Themenkomplex Zwangsarbeit erschienen. Besondere Akzente setzten hier Arbeiten, die mit ihrer Fragestellung direkt bei den Firmen und ihrer Verstrickung in das Zwangsarbeitersystem ansetzten.[9] Auch der Einsatz von KZ-Häftlingen in der Industrie geriet zunehmend in den Focus der historischen Forschung.[10] Ebenso sind in den letzten Jahren bevölkerungspolitische und „rassenhygienische" Gesichtspunkte in Bezug auf den Einsatz der „Fremdarbeiter" detailliert erforscht worden.[11] In einer neueren Arbeit faßt der Historiker Mark Spoerer[12] die bisherigen Forschungsergebnisse bündig zusammen und geht darüber hinaus auf weitere Aspekte wie die „Verstrickung" deutscher Unternehmen beim Einsatz ausländischer Zwangsarbeiter und auf den weitgehend unerforschten Einsatz von ausländischen Arbeitskräften in den besetzten Gebieten ein. Auch die quantitativen Ausmaße der Ausländerbeschäftigung versucht Spoerer genauer zu bestimmen. Der Kenntnisstand über den deutschen Zwangsarbeitereinsatz hat sich in den letzten zehn Jahren enorm verbessert. Diese Thematik zählt heute zu einem der am besten erforschten Gebiete innerhalb der NS-Historiographie.[13]

In der Fülle der publizierten Arbeiten zum „Ausländereinsatz" stellen die zahlreichen Lokal- und Regionalstudien, in sehr unterschiedlicher Qualität und Bedeutung, einen wichtigen Faktor dar[14]. Insbesondere die

---

9 Vgl. Hopmann, Barbara, Spoerer, Mark, Weitz, Birgit, Brüninghaus, Beate: Zwangsarbeit bei Daimler-Benz, Stuttgart 1994. Vgl. auch Mommsen, Hans, Grieger, Manfred: Das Volkswagenwerk und seine Arbeiter im Dritten Reich, Düsseldorf 1996 (im folg.zit.: Mommsen, Volkswagenwerk).
10 Vgl. Spoerer, Mark: Profitierten Unternehmen von KZ-Arbeit ?. Eine kritische Analyse der Literatur, in: Historische Zeitschrift 268 (1999), S. 61-95.
11 Vgl. Schwarze, Gisela: Kinder, die nicht zählten. Ostarbeiterinnen und ihre Kinder im 2. Weltkrieg, Essen 1997.
12 Spoerer, Mark: Zwangsarbeit unter dem Hakenkreuz. Ausländische Zivilarbeiter, Kriegsgefangene und Häftlinge im Deutschen Reich und im besetzten Europa 1939 - 1945, Stuttgart, München 2001 (im folg. zit.: Spoerer, Zwangsarbeit).
13 Zum Forschungstand vgl. auch Herbert, Fremdarbeiter, S. 416ff. Ferner Herbert, Ulrich: Zwangsarbeit im „Dritten Reich". Kenntnisstand, offene Fragen, Forschungsprobleme, in: Reininghaus, Wilfried, Reimann, Norbert (Hrsg.): Zwangsarbeit in Deutschland 1939-1945. Archiv- und Sammelgut, Topographie und Erschließungsstrategien, Bielefeld 2001, S. 16 - 38.
14 Einen Überblick über die Lokal- und Regionalliteratur bis zum Anfang der 90er Jahre gibt Ludewig, Hans-Ulrich: Zwangsarbeit im Zweiten Weltkrieg. Forschungstand und Ergebnisse regionaler und lokaler Fallstudien, in: Archiv für Sozialgeschichte 31 (1991), S. 558-577.

Bandbreite der möglichen Lebens- und Arbeitsbedingungen, die Bedeutung lokaler und regionaler Machthaber bei der „Ausgestaltung" des Einsatzes von Zwangsarbeitern können so erfaßt werden. Ein lokalgeschichtlicher Ansatz ermöglicht es, durch den stark eingegrenzten Untersuchungsbereich differenziertere Detail-Ergebnisse zu entwickeln. In diesem Kontext steht auch diese Arbeit.

Die Erforschung der Zwangsarbeit in Hagen setzte wie in vielen Kommunen nur mit Verzögerung ein. Erst durch die Diskussionen und Verhandlungen über die Entschädigung von ehemaligen Zwangsarbeitern im „Dritten Reich" rückte die Thematik auch in Hagen in den Vordergrund. Im Januar 2000 beauftragte der Rat der Stadt Hagen die Verwaltung mit der Recherche und Aufarbeitung von Unterlagen über die Beschäftigung von Zwangsarbeitern. Bereits im April 2000 konnte das Historische Centrum Hagen[15] die ersten der in den letzten Jahren zusammengetragenen Ergebnisse präsentieren.[16] Auf Grundlage dieser Ergebnisse entwickelte sich ein umfassendes Forschungsprojekt zur Zwangsarbeit in der Region Hagen[17], in dessen Umfeld auch diese Arbeit erstellt wurde.

Die Literaturlage zur Zwangsarbeit im Zweiten Weltkrieg im Ruhrgebiet und Südwestfalen ist mäßig. Größere Studien oder umfassende wissenschaftliche Darstellungen zum „Arbeitseinsatz" in der Region fehlen. So liegt z.B. für Dortmund, eine Stadt, die als eines der wichtigsten Rüstungszentren im Ruhrgebiet in der Quantität des „Ausländereinsatzes" ganz oben rangierte, bisher keine umfassende wissenschaftliche Studie vor[18]. Die bestehenden Arbeiten sind von sehr unterschiedlicher Qualität, viele von ihnen nicht viel mehr als Broschüren.[19] Schwerpunktmäßig befaßt sich das Forschungsprojekt „Zwangsarbeit im Kohlenbergbau"

---

15 Im Historischen Centrum Hagen sind das Stadtarchiv Hagen, das Stadtmuseum Hagen sowie das Museum Schloß Hohenlimburg vereint.

16 Vgl. Hobein, Beate: Zwangsarbeit in Hagen. Ratsvorlage und Rechercheergebnisse, in: Hagener Impuls (23) 2000, S. 21- 32 (im folg. zit.: Hobein, Zwangsarbeit).

17 Vgl. Blank, Ralf, Hobein, Beate: Zwangsarbeit im „Dritten Reich". Ein regionalhistorisches Forschungsprojekt am Historischen Centrum Hagen, in: Forum Industriedenkmalpflege und Geschichtskultur (2) 2000, S. 49-53. Online im Internet: URL: http://www.historisches-centrum.de/zwangsarbeit/index1.html, (Stand 30.09.2002).

18 Vgl. Högl, Günther: Städtische Überlieferung und Ersatzüberlieferung zur Zwangsarbeit in Dortmund, in: Reininghaus, Wilfried, Reimann, Norbert (Hrsg.): Zwangsarbeit in Deutschland 1939-1945. Archiv- und Sammelgut, Topographie und Erschließungsstrategien, Bielefeld 2001, S. 97 – 105, hier S. 97.

am Institut für soziale Bewegungen der Ruhr-Universität Bochum mit der Zwangsarbeit im Ruhrbergbau.[20] Ebenso spärlich sind die Veröffentlichungen zur Zwangsarbeit in Südwestfalen.[21]
Eine systematische Untersuchung des Zwangsarbeitereinsatzes in Hagen liegt nicht vor. In der lokalhistorischen Literatur zu Hagen finden sich nur vereinzelt Verweise auf den Arbeitseinsatz der Ausländer. So gibt Rainer Stöcker in seiner mehrbändigen Studie zur Hagener Arbeiterbewegung[22] einen kurzen Exkurs über die ausländischen Arbeiter in Hagen, der jedoch primär die Brutalität des nationalsozialistischen Rassismus betont und sich weitgehend auf deutsche Augenzeugen stützt. In dem Lesebuch von Dirk Bockermann zum Stahlwerk „Hasper Hütte" findet sich ein kurzer Passus zu den dort eingesetzten „Fremdarbeitern"[23]. Der Historiker Ralf Blank geht in seiner Abhandlung über die Hagener Rüstungsindustrie kurz auf den Arbeitseinsatz von Zwangsarbeitern und Frauen ein[24], ebenso Hermann Zabel im Rahmen seiner Darstellung über die später eingemeindete Kleinstadt Hohenlimburg im „Dritten Reich".[25]

---

19 Als Beispiele: Historischer Verein für Stadt und Stift Essen, Stadtarchiv Essen (Hrsg.): Zwangsarbeit in Essen. Begleitheft für den Geschichtswettbewerb für Schülerinnen und Schüler, Essen 2001. Grieger, Manfred: Die vergessenen Opfer der Bochumer „Heimatfront". Ausländische Zwangsarbeiter, Kriegsgefangene und KZ-Häftlinge in der heimischen Rüstungswirtschaft 1939 – 1945, Bochum 1991. Pohl, Jürgen: Zwangsarbeit und Kriegsgefangene in Recklinghausen im Zweiten Weltkrieg, Recklinghausen 2001.
20 Vgl. Seidel, Hans-Christoph: „Zwangsarbeit im deutschen Kohlenbergbau (ZIB)". Ein historisches Forschungsprojekt am Institut für soziale Bewegungen, o.J, in: URL: http://www.ruhr-uni-bochum.de/isb/institut/isb-hauptframe/mitteilungsheft/texte/forschung_ZIB.pdf, (Stand 30.9.2002).
21 Vgl. Sinnwell, Werner: Fremdarbeiter in der Gemeinde Halver 1939-1945, Hagen 1995. Wagner, Matthias: „Arbeit macht Frei". Zwangsarbeit in Lüdenscheid 1939- 1945, Lüdenscheid 1997.
22 Vgl. Stöcker, Rainer: Tatort Hagen 1933 – 1945. Geschichte der Hagener Arbeiterbewegung, Bd. 3, Essen 1993, S. 207-224. (im folg. zit.: Stöcker, Arbeiterbewegung).
23 Vgl. Bockermann, Dirk: Fremdarbeiter und Kriegsgefangene. Unmenschliche Schicksale auf der Hasper Hütte, in: Bockermann, Dirk: Hasper Gold. Ein Lesebuch zur Geschichte der Hasper Hütte, Hagen 1997, S. 107-116.
24 Vgl. Blank, Ralf: NS-Herrschaft und Kriegsjahre in Hagen, in: Becker, Jochen, Zabel, Hermann (Hrsg.): Hagen unterm Hakenkreuz, Hagen 1996², S. 333-368, hier S. 337-343 (im folg. zit.: Blank, Hakenkreuz).
25 Vgl. Zabel, Hermann (Hrsg.): Hohenlimburg unterm Hakenkreuz. Beiträge zur Geschichte einer Kleinstadt im Dritten Reich, Essen 1998, S.412-417 (im folg. zit.: Zabel, Hohenlimburg).

1. Einleitung

In dieser Arbeit wird der Begriff „Zwangsarbeiter" verwendet, der um der Lesbarkeit willen zuweilen durch zeitgenössische Ausdrücke ersetzt wird. Aus diesem Grund soll hier kurz näher auf den Begriff „Zwangsarbeiter" eingegangen werden. Die Begriffe „Zwangarbeit" oder „Zwangsarbeiter", die sich in der öffentlichen Diskussion und weiten Teilen der wissenschaftlichen Literatur durchgesetzt haben, umschreiben keine eindeutig definierte Gruppe. Dem Vorteil der begrifflichen Prägnanz steht der Nachteil der unzulässigen Verallgemeinerung gegenüber, da ein Teil der Ausländer, die im Zweiten Weltkrieg im Deutschen Reich arbeiteten, ursprünglich „freiwillig" gekommen waren. Wobei der Begriff der „Freiwilligkeit", angesichts des Drucks der deutschen Besatzungsbehörden auf die Bevölkerung der besetzten Gebiete, höchst problematisch zu sehen ist. Der in angelsächsischen Publikationen verwandte Begriff der „slave worker" ist recht ungeschickt gewählt, da er ein ökonomisches Interesse an dem Erhalt der Arbeitskraft der „Sklaven" impliziert, was besonders bei der Gruppe der KZ-Häftlinge nicht gegeben war.[26] Der Begriff „Zwangsarbeiter" scheint im Kontext dieser Arbeit angemessen, da der größte Teil der ausländischen Arbeitskräfte in Hagen unter Zwang, unterschiedlich in Ausmaß und Intensität, arbeiten mußte. Zwangsarbeit sei damit definiert als während des Krieges von Zivilarbeitern und Kriegsgefangenen unter Aufsicht der deutschen Militärbehörden und der Verwaltung in der Landwirtschaft, im Bergbau, in der Industrie sowie anderen Bereichen geleistete Arbeit.[27] Dabei steht außer Frage, daß es verschiedene Gruppen von Zwangsarbeitern und -arbeiterinnen gab, deren Arbeits- und Lebensbedingungen sich beträchtlich unterschieden. Diese umfaßten im wesentlichen die Gruppe der ausländischen Zivilarbeiter und die Gruppe der Kriegsgefangenen, einschließlich der italienischen „Militärinternierten", die im Mittelpunkt dieser Arbeit stehen. Daneben existieren noch weitere Opfer des Systems, die in der historischen Forschung als NS-Zwangsarbeiter subsumiert werden:

Häftlinge in Konzentrationslagern, die im Verlauf des Krieges in immer stärkerem Maße als „Arbeitskräftereservoir" für die Rüstungsindustrie dienten.

Juden, die vor ihrer Deportation zum Arbeitseinsatz herangezogen wurden und ab 1944 systematisch als Zwangsarbeiter in der deutschen Industrie eingesetzt wurden.

---

26 Zu den begrifflichen Abgrenzungen und der Problematik der „Freiwilligkeit" vgl., Spoerer, Zwangsarbeit, S. 10ff.
27 Vgl.: Herbert, Fremdarbeiter, S. 417.

Beide Gruppen werden in der folgenden Darstellung nicht bzw. nur am Rande berücksichtigt, da in Hagen, mit einer Ausnahme, keine KZ-Häftlinge zum Einsatz kamen und auch der Arbeitseinsatz „jüdischer Mischlinge"[28] in Hagen nur eine Randerscheinung darstellte.

Die vorliegende Untersuchung verfolgt das Ziel, die Lebens- und Arbeitsbedingungen der ausländischen Zivilarbeiter und Kriegsgefangenen, die während des Zweiten Weltkrieges in der Stadt Hagen arbeiten mußten, zu rekonstruieren. Die örtliche Praxis des „Ausländereinsatzes" wird anhand des vorhandenen Quellenmaterials dargestellt und im allgemeinen Forschungsstand verortet. Dabei wird untersucht, inwieweit sich die Konfliktlinien des nationalsozialistischen Arbeitseinsatzes auf der lokalen Ebene widerspiegeln und wie die zentralen Vorgaben der nationalsozialistischen Führung vor Ort umgesetzt wurden bzw. ob und wie bestehende Handlungsspielräume auf den unteren, ausführenden Ebenen genutzt wurden. Hierzu richtet sich der Blick auf die lokal beteiligten Mächtegruppen in Verwaltung, Administration, Wirtschaft und Politik. Die vor Ort zuständigen Stellen waren durch die Koordinierung der Umsetzungspraxis - neben den Vorgaben der Reichszentralbehörden - ausschlaggebend für die konkreten Arbeits- und Lebensbedingungen der unterschiedlichen Gruppen von Zwangsarbeitern.

Der Untersuchungszeitraum wird durch die Dauer des Krieges und dem damit einhergehenden Zwangsarbeitereinsatz vorgegeben. Der Schwerpunkt liegt aber, auf Grund der Quellenlage und der im Verlauf des Krieges zunehmenden Zahl der Zwangsarbeiter in Hagen, eher auf der zweiten Kriegshälfte. Die Arbeit bezieht sich auf den räumlichen Bereich der Stadt Hagen in den heutigen Grenzen, mit der 1975 eingemeindete Kleinstadt Hohenlimburg und einigen weiteren Ortschaften. Eine solch enge Begrenzung scheint bisweilen aus verschiedenen Gründen[29] fraglich, wird aber durch den Umfang der Arbeit vorgegeben.

Zentrale Quellenbestände zur Beschäftigung von Zwangsarbeitern im Stadtgebiet existieren heute nicht mehr, zahlreiche Aktenbestände sind durch Kriegseinwirkung[30] verloren gegangen oder wurden 1950 durch einen Brand in den Räumlichkeiten des Stadtarchivs vernichtet. Dennoch ist die Überlieferungssituation gut, da aufgrund intensiver Recherchen

---

28 Vgl. Kapitel 8 in dieser Arbeit.
29 Unter anderem erstreckte sich die Zuständigkeit einiger Institutionen über die Stadtgrenzen hinaus. Die Hagener Außenstelle der Gestapo war z.B. auch für die Stadtkreise Iserlohn, Lüdenscheid und die Landkreise Altena und Ennepe-Ruhr zuständig.
30 StadtA Hagen, Bestand Hagen I, Akte 7736: Verzeichnis des vernichteten Schriftgutes 1943/44.

durch die Mitarbeiter des Hagener Forschungsprojektes ein reichhaltiger Quellenfundus erschlossen werden konnte. Dieser umfaßt neben den Akten der Verwaltung, die die kommunalen Vorgänge dokumentieren, auch Quellen aus überregionalen Archiven. Sie wurde im Stadtarchiv Hagen in einem Quellenbestand zur Zwangsarbeit in Hagen zusammengefaßt.[31] Die überregionalen Quellen wurden zur Rekonstruktion der lokalen Verhältnisse herangezogen, sofern sich regionalspezifische Ausprägungen in den Schriftstücken der mittleren und zentralen Ebene niederschlugen. Darüber hinaus liegen Quellen des Stadtarchivs Halver zugrunde, in denen ein Großteil des Schriftverkehrs von regionalen Behörden, insbesondere der Geheimen Staatspolizei, erhalten ist. Da die meisten der zeitgenössischen Quellen die Perspektive der deutschen Behörden und Sicherheitsorgane widerspiegeln und die verwaltungstechnischen Niederschläge wenig über die Alltagswirklichkeit aussagen, wurden die wenigen existenten Zeitzeugenberichte[32] soweit als möglich berücksichtigt und dienen vor allem als Ergänzung und Korrektiv. Die demographischen Angaben zur Zwangsarbeit in Hagen beruhen auf der Zwangsarbeiter-Datenbank[33] des Stadtarchivs Hagen. Vereinzelt wurde

---

31 Dieser Bestand enthält unter u.a. auch eine Sammlung mit autorisierten Fotokopien von Quellen aus dem Bundesarchiv. Im Folgenden wird bei der Angabe dieser Quellen die Originalsignatur mit angeführt und auf den Zusatz „Fotokopie" verzichtet.

32 Neben einigen Briefen an das Stadtarchiv Hagen mit Berichten ehemaliger Zwangsarbeiter, sind hier die 1946 publizierten Erinnerungen des italienischen Militärseelsorger Giuseppe Barbero zu nennen, die übersetzt und in den „Hagener Geschichtsheften" veröffentlicht wurden, vgl. Barbero, Giuseppe: Kreuz hinter Drahtverhau, in: Hagener Geschichtsverein (Hrsg.): So wie es eigentlich gewesen. Erinnerungen Hagener Zeitzeugen, Teil 2, Hagen 2002, S. 17-92 (Hagener Geschichtshefte; Bd.5), (im folg.zit.: Barbero: Drahtverhau).

33 Die Zwangsarbeiter-Datenbank beruht auf umfangreichen Auswertungen verschiedenster Aktenbestände (Firmenunterlagen, Meldekarteien, Hausbücher etc.) und wurde ursprünglich zur verbesserten Nachweisbeschaffung für Anfragen ehemaliger Zwangsarbeiter im Rahmen der Entschädigungszahlungen angelegt. In ihr sind 40.998 Einträge (Stand: 1.8.2002) mit biographischen Daten (u.a. Name, Nationalität, Geburtstag, Geschlecht, Beschäftigungsdauer) erfaßt, von denen jedoch nur ein geringer Teil in allen Angaben vollständig ist. Diese Datensätze wurden vom Verfasser manuell gesichtet und abgeglichen. Durch dieses Verfahren konnten die Daten präzisiert und 7.564 Mehrfachnennungen erfaßt und gelöscht werden, trotzdem muß eine, in der Datenstruktur begründete, geringe Restfehlerquote berücksichtigt werden. Zum Einsatz von Datenbanken in der Forschung vgl., Timm, Elisabeth: Kommunale Quellen zur Zwangsarbeit. Erschließung einer Ausländermeldekartei mit einer Datenbank, in: Reininghaus, Wilfried, Reimann, Norbert (Hrsg.): Zwangsarbeit in Deutschland 1939-1945. Archiv- und Sammelgut, Topographie und Erschließungsstrategien, Bielefeld 2001, S. 121-132.

auch auf edierte bzw. gedruckte Quellen oder zeitgenössische Publikationen zurückgegriffen.

Die Arbeit folgt nicht in erster Linie chronologischen Abläufen, da sich durch den lokalhistorischen Ansatz eine eher systematische Gliederung anbot. Innerhalb der einzelnen Kapitel wurde jedoch eine chronologische Struktur gewählt. Trotz der Konzentration auf die Ausführungsebene in Hagen erscheint es sinnvoll, ein Kapitel voranzustellen, das die Beschäftigung von Ausländern im allgemeinen umreißt und in einen umfassenderen Zusammenhang bringt. Hier wird ein Überblick über die Vorgeschichte und Hintergründe des „Arbeitseinsatzes" gegeben und kurz auf die Wege und verschiedenen Phasen der Rekrutierung eingegangen. Im dritten Kapitel wird knapp die Stadt Hagen im Zweiten Weltkrieg skizziert, um das regionale Umfeld der Zwangsarbeit zu bestimmen. Hier werden insbesondere die Hagener Betriebe im Kontext der Kriegswirtschaft beschrieben. Der vierte Passus beschäftigt sich mit Umfang und Phasen des „Ausländer-Einsatzes" in Hagen. Darin wird chronologisch die lokale Entwicklung auf der Grundlage der reichsweiten Geschehnisse erläutert. Ebenso wird mit Hilfe der statistischen Auswertungen auf das örtliche Ausmaß der zwangsweisen Beschäftigung von Zivilarbeitern und Kriegsgefangenen eingegangen. Mit der Rolle der Kommune im lokalen System der Zwangsarbeit befaßt sich das fünfte Kapitel. Hier steht die Frage nach der direkten und indirekten Beteiligung der Stadtverwaltung und ihren Motiven im Vordergrund. Da die rassistische Diskriminierung der ausländischen Arbeitskräfte maßgeblich ihre Lebensumstände bestimmte, wird im sechsten Abschnitt knapp die rassistische Hierarchie skizziert, der die Ausländer unterworfen waren. Das siebte und achte Kapitel bieten einen breiten Querschnitt über verschiedene Bereiche des Alltags, dem die ausländischen Frauen und Männer unterlagen. Die Auswahl erfolgte anhand der Quellenlage, so daß nicht in allen Aspekten ein lokalgeschichtliches Alltagsbild vermittelt werden konnte. Im neunten Kapitel wird knapp die Auflösung des Zwangsarbeitersystems im Chaos der Kriegsendphase beschrieben, wobei auch hier die Frage nach der Rolle der unteren, ausführenden Ebene im Vordergrund steht. Die Arbeit schließt mit einer kurzen Zusammenfassung.

2. Vorgeschichte und Entwicklung der Zwangsarbeit in Deutschland

2.1 Zwangsarbeit im Ersten Weltkrieg

Der Einsatz ausländischer Arbeitskräfte in Deutschland war keine nationalsozialistische Besonderheit. Bereits Ende des 19. Jahrhunderts arbeiteten polnische Saisonarbeiter aus Österreich-Ungarn und Rußland auf den ostelbischen Gütern. Das ausgeprägte West-Ost-Lohngefälle im Kaiserreich und die geringen Verdienstmöglichkeiten der ausländischen Arbeitskräfte in ihrer Heimat sorgten für einen stetigen Zufluß in die östlichen Reichsteile. Darüber hinaus kamen, in geringerem Umfang, besonders Italiener und Holländer als ungelernte Arbeitskräfte in der Bau- und Ziegelindustrie sowie im Bergbau zum Einsatz. Auch wenn die ausländischen Saisonarbeiter vielfältigen Diskriminierungen im Alltag, wie auch von rechtlicher Seite, ausgesetzt waren, kamen sie aus wirtschaftlichen Gründen freiwillig.[34]

Nach Beginn des Krieges wandelte sich die Freiwilligkeit schnell in Zwang, als das Preußische Kriegsministerium die stellvertretenden Generalkommandos anwies, die 300.000 ausländischen Landarbeiter an der Ausreise zu hindern und sie für landwirtschaftliche und andere Arbeiten einzusetzen.[35] Die wirtschaftlichen Aspekte des Krieges wurden über die persönlichen Rechte und Freiheiten der ausländischen Arbeitskräfte gestellt. Nach den militärischen Rückschlägen im Herbst 1914 und der einhergehenden militärischen und wirtschaftlichen Ausweitung des Krieges begann die deutsche Führung, die Beschäftigung von Kriegsgefangenen anzuordnen. Die volkswirtschaftliche Bedeutung der etwa 2,5 Millionen Soldaten, die im Verlauf des Krieges in deutsche Gefangenschaft gerieten, war aufgrund des Arbeitskräftemangels außerordentlich.[36] Trotz organisatorischen Schwierigkeiten, wie z.B. in der Bewachung und Verpflegung[37], warben Aufrufe des deutschen Militärs für den Einsatz der

---

34	Zum Komplex der Saisonarbeiter und ausländischen Industriearbeiter im deutschen Kaiserreich vgl. Herbert, Ulrich: Geschichte der Ausländerpolitik in Deutschland. Saisonarbeiter, Zwangsarbeiter, Gastarbeiter, Flüchtlinge, München 2001, S. 13 - 74 (im folg. zit.: Herbert, Ausländerpolitik).
35	Herbert, Ausländerpolitik, S. 86.
36	Ebd., S. 88.
37	Herbert, Fremdarbeiter, S. 30f.

„billigen Arbeitskräfte".[38] Seit dem Frühjahr 1915 erfolgte ihr verstärkter Einsatz, zunächst in der Landwirtschaft, später dann auch im Bergbau und der Schwerindustrie. Auch in Hagen mußten Kriegsgefangene in verschiedenen Arbeitskommandos arbeiten.[39]

Die Beschäftigung von ausländischen Zivilarbeitern gestaltete sich während des Ersten Weltkrieges ungleich komplizierter. Die in der Vorkriegszeit aus militärischen Gründen entwickelten Pläne zu einem Beschäftigungsverbot und der raschen Ausweisung ausländischer Arbeitskräfte kamen kaum zum Tragen. Statt dessen wurden sie in den Status von Zivilgefangenen überführt, mußten an ihrem Arbeitsplatz verweilen und wurden strengen Auflagen in ihrer Lebensführung unterworfen.[40] Fast 1,2 Millionen ausländische Arbeiter befanden sich bei Kriegsbeginn im Deutschen Reich, von denen nur die Wehrpflichtigen des verbündeten Österreich-Ungarn in die Heimat entlassen wurden.[41] Viele der verbleibenden Ausländer versuchten sich durch Flucht und Kontraktbruch einer weiteren Beschäftigung zu entziehen, dabei sahen sie sich mit den Kontrollen und Repressionen der Militärbehörden konfrontiert[42]. Darüber hinaus forcierten die deutschen Behörden seit dem Frühjahr 1915 die Anwerbung von polnischen Arbeitern in den besetzten Gebieten im Osten. Ulrich Herbert betont in diesem Zusammenhang, daß hierbei die Grenzen zwischen Deportation und einer gewissen Freiwilligkeit verschwammen.[43] Durch die „Verordnung zur Bekämpfung der Arbeitsscheu" vom 4. Oktober 1916 verschärfte sich die Situation abermals, da die Deportationen nun auf einer rechtlichen Basis beruhten. Durch die „Verordnung zur Bekämpfung der Arbeitsscheu" vom 4. Oktober 1916 verschärfte sich die Situation abermals, da die Deportationen, wie die von fast 5.000 jüdischen Arbeitskräften aus der Gegend um Lodz, nun auf einer rechtlichen Basis beruhten.[44] Neben den über 400.000 polnischen Arbeitern wurden auch rund 61.000 Belgier zum Zwangseinsatz in das Deutsche Reich verschleppt. Aufgrund des großen außenpolitischen

---

38 Stadtarchiv (StadtA) Hagen, Bestand Hagen I, Akte 6532: Aufruf des stellvertr. Generalkommando des VII. Armeekorps zur Beschäftigung von Kriegsgefangenen in der Landwirtschaft, v. 2. 2. 1915.
39 Unter anderem im Waggonbau, StadtA Hagen, Bestand Hagen I, Akte 6532: Mitteilung der Fa. Killing & Sohn an das Kartenamt der Stadt Hagen v. 4. 10. 1917.
40 Herbert, Ausländerpolitik, S. 92.
41 Ebd., S. 91.
42 Herbert, Fremdarbeiter, S. 33.
43 Ebd.
44 Herbert, Ausländerpolitik, S. 100.

Schadens und internationalen Drucks[45] verlegten sich die deutschen Behörden 1917 auf subtilere Methoden, wie die der Verschlechterung der Lebensbedingungen in Belgien, verbunden mit materiellen Anreizen für die Arbeit in Deutschland.[46]

Der Einsatz ausländischer Zwangsarbeiter während des Ersten Weltkrieges erfüllte nicht die Erwartungen, auch wenn der unter chronischem Arbeitermangel leidenden deutschen Wirtschaft ein großes Reservoir an Arbeitskräften zugeführt wurde. Die Beschäftigung von zivilen Zwangsarbeitern stellte sich für die Industrie als relativ teures Unterfangen heraus. Durch die Kosten für Unterkünfte, Bewachung, Anwerbung und Transport, bei - zumindest nominell - gleichem Lohn, konnte keine rentable Anstellung erzielt werden. Hinzu kamen häufig Fluchten und die aufgrund des Zwanges nur geringen Arbeitsleistungen.[47] Ebenso zeigte sich, daß die zwangsweise Beschäftigung von Arbeitskräften unter den gegebenen Umständen nur unter einem enormen polizeilichen, organisatorischen und administrativen Aufwand möglich war. Bei den Kriegsgefangenen bedeutete das den Einsatz des Militärs, bei den zivilen Arbeitern durch den Gebrauch totalitärer Mittel. Trotz vieler Gemeinsamkeiten zum nationalsozialistischen Zwangsarbeitersystem, wie ein Sonderstrafrecht oder die Unterbringung in bewachten und umzäunten Lagern, ist eine direkte Kontinuität zum „Reichseinsatz" im Zweiten Weltkrieg nicht festzustellen. Neben den unterschiedlichen quantitativen Dimensionen ist die Zwangsarbeiterpolitik im Ersten Weltkrieg in ökonomischer wie auch politischer Hinsicht gescheitert. Ulrich Herbert bezeichnet die Beschäftigung von Zwangsarbeitern im Ersten Weltkrieg treffend als „Probelauf"[48] für den Zwangsarbeitereinsatz im Zweiten Weltkrieg. Dieses verdeutlicht auch folgender Eintrag im Kriegstagebuch der Rüstungsinspektion VI in Münster:

> „In Anbetracht der guten Erfahrungen, welche mit russischen Kriegsgefangenen im vorigen Kriege gemacht worden sind, bittet Rü In [Rüstungsinspektion, JF] VI darum, den Einsatz russischer Kriegsgefangener in größerem Umfang als bisher in Erwägung zu ziehen."[49]

---

45 Während die Polen bei Ausbruch des Krieges über keinen eigenen Staat verfügten, war Belgien eine eigenständige Nation und darüber hinaus neutral.
46 Spoerer, Zwangsarbeit, S. 23.
47 Herbert, Ausländerpolitik, S. 116.
48 Herbert, Fremdarbeiter, S. 40.
49 StadtA Hagen, Quellensammlung Zwangsarbeit: BA-MA (Bundesarchiv-Militärarchiv, Freiburg i.Br.), RW 20-6/22, Bl.66, Kriegstagebuch Rüstungsinspektion VI Münster, 4. Quartal 1941.

Das obige Zitat zeigt sehr deutlich, welchen wichtigen Stellenwert die Erfahrungen des Ersten Weltkrieges bei der Beschäftigung von Kriegsgefangenen für den „Arbeitseinsatz" im Nationalsozialismus hatten. Die Erfahrungen im Bereich der Beschäftigung von zivilen Arbeitskräften zeigten recht klar, daß dieser nur lohnenswert war, wenn er im großen Umfang durchgeführt wurde.[50]

2.2 Ausgangslage und Hintergründe für den „Reichseinsatz"

Die Beschäftigung von Ausländern fand in der Weimarer Republik ihre Fortsetzung, allerdings in weit geringerem Umfang als vor dem Krieg.[51] Durch eine Reihe von Vorschriften und Gesetzen, die in den 20er Jahren geschaffen wurden, wurde die Beschäftigung von Ausländern an die wirtschaftliche Lage im Deutschen Reich angepaßt. Die Ausländer dienten als eine Art „konjunkturelle Reservearmee", wodurch der Beschäftigung von Deutschen absoluten Vorrang gegeben wurde.[52] Diese „Verrechtlichungen" des Arbeitsmarktes beschränkten sich nicht ausschließlich auf die Ausländergesetzgebung, sondern waren typisch für eine neue Entwicklung und Regelung in der staatlichen Arbeitsverwaltung.

So fanden die Nationalsozialisten bei der „Machtergreifung" 1933 ein zentralistisches und effizientes Steuerinstrument zur Organisation des Arbeitsmarktes, im besonderen der Ausländerbeschäftigung vor.[53] Die Massenarbeitslosigkeit zu Beginn der 30er Jahre erleichterte den Verzicht auf ausländische Arbeitskräfte.

Diese Instrumentarien wurden durch eine Reihe von Verordnungen weiter ausgeweitet. Durch die Monopolsicherung der Reichsanstalt für Arbeitsvermittlung (1933), durch das „Gesetz zur nationalen Arbeit" (1934) und durch die Kontrolle der beruflichen Entwicklung auf Grund der Einführung des „Arbeitsbuches" (1935), wurde die Durchsetzung der ordnungspolitischen und ideologischen Vorstellungen der Nationalsozialisten gewährleistet.[54] Als wichtigstes Ziel der folgenden Maßnah-

---

50 Herbert, Ausländerpolitik, S. 117.
51 Spoerer, Zwangsarbeit, S. 24.
52 Herbert, Ausländerpolitik, S. 121.
53 Herbert, Fremdarbeiter, S. 46.
54 Naasner, Walter: Neue Machtzentren in der deutschen Kriegswirtschaft 1942-1945. Die Wirtschaftsorganisation der SS, das Amt des Generalbevollmächtigten für den Arbeitseinsatz und das Reichsministerium für Bewaffnung und Munition/Reichsministerium für Rüstung und Kriegsproduktion im nationalsozialistischen Herrschaftssystem, Boppard a. Rhein 1994, S.25f. (Schriften des Bundesarchivs; Bd. 45), (im folg. zit.: Naasner, Machtzentren).

men kristallisierte sich recht schnell die Umschichtung der Arbeitskräfte zu Gunsten kriegswichtiger Wirtschaftszweige heraus, wobei auch die Einführung des Reichsarbeitsdienstes als militarisierte Form der Arbeitsbeziehung ihren Ausdruck fand.[55] Die Kasernierung von Arbeitern war in vieler Hinsicht ein „Vorgeschmack" auf das Schicksal der Fremdarbeiter einige Jahre später.[56]

Durch verschiedene Programme der Arbeitsbeschaffung, die vielfach mit den seit 1934 immens wachsenden Rüstungsausgaben in Verbindung standen, gelang es, die drückende Erwerbslosigkeit zu überwinden, was wesentlich zur innenpolitischen Absicherung des Regimes beitrug.[57] Die rasch anschwellende Rüstungskonjunktur führte zu Mangelerscheinungen in strategischen Bereichen: Rohstoffe, Devisen und Arbeitskräfte wurden knapp. Die Verkündung des „Vierjahresplans" mit seinen ehrgeizigen rüstungs- und autarkiewirtschaftlichen Zielen und der Forderung, die deutsche Armee „in vier Jahren einsatzfähig" zu machen[58], verschärfte die Situation weiter. Eines der größten Probleme der überhitzten Rüstungskonjunktur stellte der massive Mangel an Arbeitskräften dar, der durch die voranschreitenden Kriegsvorbereitungen immer weiter verstärkt wurde und bald auch zu Entwicklungsschwierigkeiten in einigen Wirtschaftsteilen führte.[59] So beklagt die Wehrwirtschafts-Inspektion IV in einem Bericht im August 1939:

> „Das zentrale Problem der wirtschaftlichen Lage bleibt weiterhin der Mangel an Arbeitskräften. Dieser Übelstand hat dem Anschein nach seinen Höhepunkt noch nicht einmal erreicht, sondern verschärft sich von Monat zu Monat weiter, nachdem ein Kräftezuschuss (sic!) aus ruhenden Arbeitskraftreserven immer schwieriger wird."[60]

---

55 Herbert, Fremdarbeiter, S. 47.
56 Ebd.
57 Vgl. Kranig, Andreas: Arbeitnehmer, Arbeitsbeziehungen und Sozialpolitik unter dem Nationalsozialismus, in: Bracher, Karl Dietrich, Funke, Manfred, Jacobsen, Hans-Adolf (Hrsg.): Deutschland 1933-1945. Neue Studien zur nationalsozialistischen Herrschaft, Bonn 1992, S. 135-153, hier: S. 146f (im folg. zit.: Kranig, Arbeitsbeziehungen).
58 Vgl. Denkschrift Hitlers über die Aufgaben des Vierjahresplans, in: Steitz, Walter (Hrsg.): Quellen zur deutschen Wirtschafts- und Sozialgeschichte in der Zeit des Nationalsozialismus, Bd.1 1933-1939, Darmstadt 2000, S. 84-92, hier: S. 92.
59 Vgl. Barkai, Avraham: Das Wirtschaftssystem des Nationalsozialismus. Ideologie, Theorie, Politik 1933-1945, Frankfurt a.M. 1988² S. 214f (im folg. zit.: Barkai, Wirtschaftssystem).

Diesem Mißstand versuchte das NS-Regime durch ein Paket von Maßnahmen und Verordnungen zu begegnen. Als Konsequenz daraus wurden z.b. in Hagen Empfänger von Invalidenrente bei der Akkumulatorenfabrik Hagen A.G. (AFA) zur Arbeit eingeteilt.[61] Diese staatlichen Eingriffe schränkten die Grundrechte der Arbeitnehmer – Berufsfreiheit, Freizügigkeit – immer weiter ein und gipfelten 1938/1939 in der ersten und zweiten Dienstpflichtverordnung, die es den Arbeitsämtern ermöglichte, Arbeitskräfte für bestimmte Projekte zwangsweise zu requirieren.[62] Die vereinzelten Forderungen nach vermehrter Frauenarbeit stießen bei den NS-Ideologen auf scharfe Kritik, da sie nicht mit dem nationalsozialistischen Ideal der Hausfrau und Mutter vereinbar waren. So stieg der Anteil der erwerbstätigen Frauen zwischen 1933 und 1939 nur um 1,9%.[63] Ein Einsatz der Frauen in der Wirtschaft erfolgte aufgrund von ideologischen Vorbehalten und Rücksichtnahme auf mögliche Mißstimmung in der Bevölkerung nur begrenzt und zögerlich.[64]

Die Eingliederung Österreichs im März 1938 verbesserte die Versorgungslage der deutschen Volkswirtschaft – neben Devisen und Rohstoffen – auch mit Arbeitskräften.[65] Gleiches gilt für die Annexion des Sudetenlandes. Hier konnten Arbeitskräfte aus dem „Protektorat Böhmen und Mähren" angeworben werden, ohne die Devisenprobleme – die sonst durch den Devisentransfer in die Heimatländer entstanden – beachten zu müssen.[66] Doch die Entlastung hielt nur kurz an und Mitte

---

60 Bericht der Wehrwirtschafts-Inspektion IV an den Wehrwirtschaftstab bzw. an das OKW v. 17. August 1939, in: Steitz, Walter (Hrsg.): Quellen zur deutschen Wirtschafts- und Sozialgeschichte in der Zeit des Nationalsozialismus, Bd.1 1933-1939, Darmstadt 2000, S. 208-210, hier S. 208.
61 Behnken, Klaus (Hrsg.): Deutschland-Berichte der Sozialdemokratischen Partei Deutschlands (Sopade) 1934-1940, 6. Jhg., 1939, Nr.2, S. 184f.
62 So z.B. zu den Bauarbeiten am sog. „Westwall", vgl. Kranig, Arbeitsbeziehungen, S. 150.
63 Von 34,2 % im Jahr 1933 auf 36,1% im Jahr 1939, vgl. Frevert, Ute: Frauen, in: Benz, Wolfgang, Graml, Hermann, Weiß, Hermann (Hrsg.): Enzyklopädie des Nationalsozialismus, München³ 1998, S. 220-234, hier S. 230.
64 Herbert, Fremdarbeiter, S. 56.
65 Vgl. Wehrwirtschaftlicher Lagebericht des OKW/Wehrwirtschaftstab v. 1.April 1938, in: Steitz, Walter (Hrsg.): Quellen zur deutschen Wirtschafts- und Sozialgeschichte in der Zeit des Nationalsozialismus, Bd.1 1933-1939, Darmstadt 2000, S. 136-137, hier S. 137.
66 Vgl. Herbert, Ausländerpolitik, S. 125.

1939 wurde der zusätzliche Bedarf an Arbeitskräften auf rund 1 Million geschätzt.[67]

Die Bemühungen des Regimes, den Mangel an Arbeitskräften zu beheben, erzielten nicht den erhofften Erfolg und die eigens zur besseren Koordinierung des Arbeitseinsatzes eingerichtete „Geschäftsgruppe Arbeitseinsatz" in Görings Vierjahresplanbehörde, zeigte sich als „Paradebeispiel für Kompetenzvielfalt und Uneinheitlichkeit".[68]

War die Anzahl der erwerbstätigen Ausländer in Deutschland zunächst nur ein quantitatives Randphänomen, so änderte sich das ab 1936 durch den zunehmenden Arbeitermangel. Neben den polnischen Saisonarbeitern in der Landwirtschaft kamen vor allem Arbeitskräfte aus Italien, Jugoslawien, Ungarn und Bulgarien im Rahmen von Abkommen über den „Arbeitskräfteaustausch" in das Deutsche Reich. Ausgerechnet zwei reichseigene Betriebe übernahmen die Vorreiterrolle bei der Beschäftigung von Ausländern. Zum einen die Hermann-Göring-Werke in Salzgitter[69], zum anderen die Volkswagenwerke, die mit Hilfe von über 2400 Italienern in der „Stadt des KdF-Wagens", dem heutigen Wolfsburg, errichtet wurden.[70] Der Einsatz der „fremdvölkischen" Arbeitskräfte war nicht unumstritten und von deutscher Seite wurden vielfach Bedenken laut. Neben den Grenzen, die durch die angespannte Devisenlage des Deutschen Reiches vorgegeben waren, widersprach der Einsatz von ausländischen Arbeitskräften auch der nationalsozialistischen Rassenideologie. Schon früh wurde vor den „volkstumspolitischen Gefahren" oder vor der „Gefahr für die Blutreinheit des deutschen Volkes" gewarnt und „sicherheitspolizeiliche" Bedenken gegenüber einer politischen Agitation seitens der Ausländer angemeldet.[71] An Hand dieses Konfliktes zwischen rassisch-nationalistischen Maximen und wirtschaftspolitischen Notwendigkeiten wird ein Spannungsfeld deutlich, daß den „Reichseinsatz" ausländischer Arbeitskräfte nachhaltig prägte und für Konflikte innerhalb des NS-Regimes sorgte. Durch die Kompromißformel einer nur vorübergehenden, aus der Not geborenen Maßnahme und

---

67 Herbert, Fremdarbeiter, S. 67.
68 Ebd., S. 49.
69 Wysocki, Hermann: Arbeit für den Krieg. Herrschaftsmechanismen in der Rüstungsindustrie des „Dritten Reiches". Arbeitseinsatz, Sozialpolitik und staatspolizeiliche Repression bei den Reichswerken „Hermann Göring" im Salzgitter-Gebiet 1937/38 bis 1945, Braunschweig 1992, S. 68f.
70 Vgl. Mommsen, Volkswagenwerk, S. 294ff.
71 Herbert, Ausländerpolitik, S. 125.

durch die relativ geringe Zahl ausländischer Arbeitnehmer[72] konnten die ideologischen Bedenken zunächst zurückgestellt werden.[73]

Das Streben nach dem „großdeutschen Wirtschaftsraum", der ganz im Sinne des nationalsozialistischen „Lebensraumkonzeptes" die Autarkie Deutschlands sichern sollte, wurde schon früh von NS-Wirtschaftsfunktionären propagiert[74], und Hitler selbst verkündete im September 1933:

> „Zu allen Zeiten war das Schwert der Wegbereiter des Pfluges, war die Macht Wegbereiterin der Wirtschaft. Das ist früher so gewesen und wird in Zukunft selbstverständlich ebenso sein."[75]

Auch wenn das Konzept der „Großraumwirtschaft" eher den „Export" des deutschen „Herrenmenschen" vorsah als den „Import" ausländischer Arbeitskräfte, so überrascht es doch, daß die erste in diesem Zusammenhang relevante Äußerung vom Mai 1939 datiert.[76] Dies zeigt, daß der Einsatz ziviler Arbeitskräfte aus dem Ausland im Vorfeld des Krieges nicht langfristig geplant war.[77]

Anders hingegen war es beim Arbeitseinsatz der Kriegsgefangenen: Hier hatte das Wirtschafts- und Rüstungsamt beim Oberkommando der

---

72 Im Jahre 1938/39 arbeiteten 436.000 Ausländer im Deutschen Reich, die jedoch lediglich 2% der abhängig Beschäftigten ausmachten. Vgl. Spoerer, Zwangsarbeit, S. 30.
73 Eichholtz, Dietrich: Unfreie Arbeit – Zwangsarbeit, in: Eichholtz, Dietrich (Hrsg.): Krieg und Wirtschaft. Studien zur deutschen Wirtschaftsgeschichte 1939-1945, Berlin 1999, S. 129-158, hier S. 141. (im folg. zit.: Eichholz, Unfreie Arbeit).
74 Vgl. Volkmann, Hans-Erich: Polen im politisch-wirtschaftlichen Kalkül des Dritten Reiches 1933-1939, in: Michalka, Wolfgang (Hrsg.): Der Zweite Weltkrieg. Analysen, Grundzüge, Forschungsbilanz, München 1989, S. 74-92, hier S. 89.
75 Aufzeichnung über die 2. Sitzung des Generalrates der Wirtschaft v. 20.9.1933, in: Minuth, Karl-Heinz (Bearb.): Die Regierung Hitler, Bd.1; 1933/34, Boppard a. Rhein 1983, S.58-64, hier S. 62, zitiert nach: Volkmann, Hans-Erich: Polen im politisch-wirtschaftlichen Kalkül des Dritten Reiches 1933-1939, in: Michalka, Wolfgang (Hrsg.): Der Zweite Weltkrieg. Analysen, Grundzüge, Forschungsbilanz, München 1989, S. 74-92, hier S. 89.
76 Herbert, Fremdarbeiter, S. 42.
77 Es ist anzumerken, daß die DDR-Literatur dem gegenüber die These einer langfristigen Vorbereitung vertritt, vgl. Eichholtz, Dietrich: Geschichte der deutschen Kriegswirtschaft 1939-1945, Bd. 1, Berlin (Ost) 1984, S.93. Detrich Eichholtz vertritt diese These auch noch in jüngsten Publikationen, vgl. Eichholtz, Dietrich: Probleme und Praxis der Zwangsarbeit in der deutschen Kriegswirtschaft, in: Meyer, Winfried, Neitmann, Klaus (Hrsg.): Zwangsarbeit während der NS-Zeit in Berlin und Brandenburg. Formen, Funktion und Rezeption, Potsdam 2001, S. 3 - 22, hier S. 9f.

Wehrmacht (OKW) bereits 1937 damit begonnen, die Erfahrungen des Einsatzes von Kriegsgefangenen im 1. Weltkrieg auszuwerten. Die Beschäftigung von Kriegsgefangenen, dessen Vorbereitung Göring im Juli 1938 endgültig anordnete, sollte allerdings aus „abwehrmäßigen Gründen" auf die Landwirtschaft beschränkt bleiben.[78] Die Erfolgsberichte in zeitgenössischen Publikationen zeugen von der intensiven und detailreichen Planung vor Kriegsbeginn.[79]

2.3 Anwerbung und Deportation – Arbeitskräftebeschaffung im besetzten Europa

Im Verlauf des Krieges verstärkten die deutschen Behörden stetig ihr Bemühen um die Rekrutierung von Ersatz für die Millionen zur Wehrmacht einberufenen Arbeiter. Fast überall auf dem europäischen Kontinent bemühten sich die zahlreichen „Anwerbekommissionen" des Reichsarbeitsministeriums um die Beschaffung ziviler Arbeitskräfte. Neben der Befriedigung des Arbeiterbedarfs im „Altreich" wurden auch zahlreiche Kräfte für Tätigkeiten in den besetzten Gebieten eingezogen. Hierzu zählte meist der Bau von kriegswichtiger Infrastruktur, wie Bunkeranlagen, Straßen oder Flugplätze[80], aber auch der Betrieb wichtiger Industrieanlagen oder Hilfsarbeiten für die Wehrmacht bzw. ziviler Besatzungsbehörden. Für die Rekrutierung ausländischer Zivilarbeiter lassen sich vier Grundformen unterscheiden:

1. die reine Werbung;
2. die Werbung mit maßgeblicher Beeinflussung der Existenzbedingungen;
3. Konskription, also die Aushebung ganzer Jahrgänge unter Rückgriff auf die einheimische Verwaltung;
4. Deportation durch offene Gewaltanwendung deutscher oder deutsch-verbündeter Besatzungsorgane;

---

78 Herbert, Ausländerpolitik, S. 127.
79 Willeke, Eduard: Der Arbeitseinsatz im Krieg, Jahrbücher für Nationalökonomie und Statistik 154 (1941), S. 177-201, 311-348, hier S. 199f.
80 Dies geschah meist im Einsatz für die „Organisation Todt", vgl. Müller Rolf-Dieter: Albert Speer und die Rüstungspolitik im Totalen Krieg, in: Militärgeschichtliches Forschungsamt (Hrsg.): Organisation und Mobilisierung des deutschen Machtbereiches. Kriegsverwaltung, Wirtschaft und personelle Ressourcen 1942-1944/45, Stuttgart 1999, S. 273 - 773, hier S. 448ff. (Das Deutsche Reich und der Zweite Weltkrieg ; Bd. 5,2).

Diese Idealtypen gingen oftmals ineinander über oder existierten zeitweise nebeneinander.[81] Einhergehend mit dem Kriegsverlauf fand eine zunehmende Brutalisierung der Anwerbe- bzw. Deportationsmethoden statt, wobei diese Verschärfung in gewisser Form der nationalsozialistischen Rassenhierarchie folgte. So ereigneten sich gewaltsame Deportationen von Arbeitskräften in Westeuropa erst zu einem Zeitpunkt (1944), als die massenhaften, schonungslosen Rekrutierungen von („Unter"-) Menschen aus den „Ostgebieten" schon schrecklicher Alltag geworden waren (1942).[82] Mit der zunehmenden Ausweitung des Krieges und dem steigendem Arbeitskräftebedarf der deutschen Kriegswirtschaft setzte sich rüstungswirtschaftlicher Pragmatismus gegenüber der nationalsozialistischen Rassendoktrin durch. Hierbei wurden zahlreiche, häufig kontraproduktive, Zugeständnisse in der Behandlung der Ausländer an die Rassenideologen gemacht.[83]

Der häufig zitierte Ausspruch des Generalbevollmächtigten für den Arbeitseinsatz, Fritz Sauckel:

> „Von den fünf Millionen ausländischer Arbeiter (sic!), die nach Deutschland gekommen sind, sind keine 200.000 freiwillig gekommen."[84]

Dieses Zitat illustriert recht eindrucksvoll das Verhältnis von Freiwilligkeit zu Zwang bei der Rekrutierung von Arbeitskräften.

Die Werbung von Arbeitskräften in verbündeten Staaten wie z.B. Italien (bis 1943), Ungarn oder Kroatien erfolgte auf der Grundlage bilateraler Abkommen. Die Anwerbung in den besetzten Gebieten West- und Osteuropas ging zunächst in ähnlicher Weise vonstatten, nur mußten hier keine devisen- und sozialversicherungsrechtlichen Vertragswerke aus-

---

81 Vgl. Spoerer, Mark: Zwangsarbeit im Dritten Reich. Verantwortung und Entschädigung, in: Geschichte in Wissenschaft und Unterricht 51 (2000), S. 508-527, hier S. 511 (im folg. zit.: Spoerer, GWU, Zwangsarbeit).
82 Vgl. Fasse, Norbert: Zur Geschichte der NS-Zwangsarbeit im Zweiten Weltkrieg, 2000, in: URL: http://www.geschichtskulturruhr.de/archiv/essen001 103/fasse.pdf, (Stand: 23.10.2002).
83 Grundlegend zum Verhältnis von NS-Ideologie und rüstungswirtschaftlichen Interessen Herbert, Ulrich: Arbeit und Vernichtung. Ökonomisches Interesse und Primat der „Weltanschauung" im Nationalsozialismus, in: Herbert, Ulrich: Europa und der „Reichseinsatz". Ausländische Zivilarbeiter, Kriegsgefangene und KZ-Häftlinge in Deutschland 1938 – 1945, Essen 1991, S. 384-426.
84 Bundesarchiv Berlin (BA, B), R3/1722, Bl. 67f., Protokoll der 54. Besprechung der Zentrale Planung v. 1.3.1944, zitiert nach: Herbert, Fremdarbeiter, S. 295. Die von Sauckel angesetzten Zahlen sind viel zu niedrig und resultierten aus dem Kontext des Streitgespräches über die Anwerbemethoden, vgl. Herbert, Fremdarbeiter, S. 295f.

gehandelt werden. Das vermeintlich leichte Spiel, das die deutschen Arbeitseinsatzbehörden bei der Werbung durch das höhere Lohniveau in Deutschland und der breiten Arbeitslosigkeit in Kontinentaleuropa erwartet hatten, erwies sich jedoch als recht mühselig. In keinem Gebiet konnten die hohen Erwartungen aus Berlin erfüllt werden.[85] Neben einer skeptischen Haltung gegenüber dem deutschen Kriegsgegner sorgten auch die überwiegend falschen Versprechungen der Anwerbebeamten für das Ausbleiben der erhofften Arbeitskräfte. Daß die von den Werbern gemachten Zusagen nur selten eingehalten wurden, kolportierte sich recht schnell in den betroffenen Gebieten und bremste zusätzlich die freiwilligen Meldungen zum „Reichseinsatz" in das zunehmend luftkriegsgefährdete Deutschland. Die falschen Versprechen und die damit verbundene Problematik sorgte für Kritik von Seiten der mit der Lenkung der Kriegswirtschaft betrauten Behörden:

> „Der Fehler lag in der Hauptsache in den Anwerbungsmethoden. Vielfach sind den Leuten Zusicherungen gemacht worden, die über den Rahmen des Möglichen hinausgingen und nicht eingehalten werden konnten. Naturnotwendig mußte das den Arbeitswillen beeinträchtigen."[86]

Hier zeigt sich deutlich die Kluft zwischen tatsächlichen Anwerbungserfolgen und ökonomischen Interessen.

In einer nächsten Stufe verschärften die deutschen Besatzungsinstanzen den materiellen und verwaltungsmäßigen Druck durch eine umfassende Erfassung und Dienstverpflichtung der arbeitsfähigen Bevölkerung, einhergehend mit der Reduzierung von Arbeitsplätzen durch Betriebstillegungen und der Kürzung von Sozialleistungen. Beispielhaft ist hier Frankreich, wo der Druck auf das Vichy-Regime so weit verstärkt wurde, so daß es im September 1942 den „Service du travail obligatoire" (STO) einführte.[87]

Auf Grund der geringeren Arbeitsleistung „gepreßter" Arbeiter bestand von deutscher Seite zunächst kein ordinäres Interesse an gewaltsamer Rekrutierung. Nach dem Scheitern der freiwilligen Werbung im Generalgouvernement gingen die deutschen Behörden, wie in den annektierten polnischen Gebieten, zur rücksichtslosen Deportation über. Dabei wurden den lokalen Behörden gewisse Kontingente an Arbeitskräften auf-

---

85 Spoerer, GWU, Zwangsarbeit, S. 512.
86 StadtA Hagen, Quellensammlung Zwangsarbeit: BA-MA, RW 20-6/16, Bl.64, Kriegstagebuch Rüstungsinspektion VI Münster, 3. Quartal 1942.
87 Durand, Yves: Vichy und der „Reichseinsatz", in: Herbert, Ulrich: Europa und der „Reichseinsatz". Ausländische Zivilarbeiter, Kriegsgefangene und KZ-Häftlinge in Deutschland 1938 - 1945, Essen 1991, S.184-199, hier S. 190f.

erlegt, die zu stellen waren. Wurden diese nicht erfüllt, so griffen die deutschen Sicherheitskräfte meist mit rücksichtsloser Härte durch, indem sie Razzien durchführten oder z.B. Kinos umstellten und die Menschen zum Arbeitsdienst in das „Deutsche Reich" verschleppten.[88] Diese Praxis fand auch in den besetzten sowjetischen Gebieten Anwendung, wobei hier die wahllose Deportation und der Transport unter absolut menschenunwürdigen Bedingungen den Regelfall bildeten.[89]

Die ersten ausländischen Zwangsarbeiter, die während des Krieges in großem Maßstab im deutschen Reich zum Einsatz kamen, waren polnische Kriegsgefangene. Ihnen folgten die Kriegsgefangenen der westlichen Kriegsschauplätze, hier vor allem Franzosen, während die niederländischen Soldaten relativ schnell entlassen wurden[90], um im Sinne der deutschen Besatzer, ähnlich wie das belgische Militärpersonal, an ihre Arbeitsplätze zurückzukehren. Ein Einsatz russischer Kriegsgefangener sollte aus ideologischen Gründen nur im äußerst begrenzten Rahmen stattfinden. Vielmehr wurden im Sinne der nationalsozialistischen „Lebensraumideologie" Pläne für die Umsiedlung und Vertreibung der einheimischen Bevölkerung entwickelt und der Hungertod von Millionen von Menschen einkalkuliert.[91] Erst als der Ostfeldzug von einem Blitzkrieg in einen Abnutzungskrieg überging, sah sich das NS-Regime gezwungen, langfristige ideologische Ziele gegenüber pragmatisch-wirtschaftlichen Erfordernissen zurückzustellen. Zu diesem Zeitpunkt waren jedoch die meisten der sowjetischen Kriegsgefangenen bereits gestorben oder zu geschwächt für einen Arbeitseinsatz im Reich. Bis Ende März 1942 kamen nur 167.000 gefangene sowjetische Soldaten zum Arbeitseinsatz nach Deutschland.[92]

---

88 Czeslaw, Luczak: Polnische Arbeiter im nationalsozialistischen Deutschland während des Zweiten Weltkriegs. Entwicklung und Aufgaben der polnischen Forschung, in: Herbert, Ulrich: Europa und der „Reichseinsatz". Ausländische Zivilarbeiter, Kriegsgefangene und KZ-Häftlinge in Deutschland 1938 – 1945, Essen 1991, S. 90 – 105, hier S. 94ff.
89 Müller, Rolf-Dieter: Die Zwangsrekrutierung von „Ostarbeitern" 1941-1944, in: Michalka, Wolfgang (Hrsg.): Der Zweite Weltkrieg. Analysen, Grundzüge, Forschungsbilanz, München 1989, S. 772-783, hier S. 778ff.
90 Herbert, Ulrich: Der „Ausländereinsatz". Fremdarbeiter und Kriegsgefangene in Deutschland 1939-1945 – ein Überblick, in: Aly, Götz u.a. (Hrsg.): Herrenmensch und Arbeitsvölker. Ausländische Arbeiter und Deutsche 1939 – 1945, Berlin 1986, S. 23 (Beiträge zur nationalsozialistischen Gesundheits- und Sozialpolitik; Bd. 3), (im folg. zit.: Herbert, Ausländereinsatz).
91 Spoerer, Zwangsarbeit, S. 71.
92 Bonwetsch, Bernd: Sowjetische Zwangsarbeiter vor und nach 1945. Ein doppelter Leidensweg, in: Jahrbücher für Geschichte Osteuropas 41 (1993), S. 532-546, hier S. 533. (im folg.zit.: Bonwetsch, Zwangsarbeiter).

Ein besonderes Schicksal ereilte die über 600.000 italienischen Militärinternierten, die von ihren deutschen Kameraden nach dem Kriegsaustritt Italiens am 8. September 1943 entwaffnet und zur Zwangsarbeit nach Deutschland gebracht wurden.[93] Als „Verräter" erfuhren sie eine sehr schlechte Behandlung, nicht unähnlich der der Sowjetgefangenen.

Die in Gefangenschaft geratenen Soldaten der verschiedenen Nationen wurden hinter der Front in Durchgangslager (Dulag) gebracht. Von dort aus wurden sie in die verschiedenen Mannschaftsstammlager (Stalag) bzw. Offizierslager (Oflag) im Reich transportiert. Die Führung des Kriegsgefangenenwesens lag bei einer untergeordneten Abteilung des OKW.[94] Die arbeitsfähigen Kriegsgefangenen – Offiziere waren nach der Genfer Konvention von der Arbeit ausgenommen – wurden über die Arbeitsämter, in Abstimmung mit den jeweiligen Rüstungskommandos, in Arbeitskommandos an die Einsatzträger vermietet.[95]

Durchschnittlich 30% aller in der deutschen Wirtschaft während des Krieges beschäftigten Arbeitnehmer waren Zwangsarbeiter. In einzelnen Bereichen lag der Ausländeranteil noch darüber: 34% im Bergbau, 46% in der Landwirtschaft, 50% in reinen Rüstungsbetrieben.[96] Insgesamt wurden Angehörige aus über 20 Nationen als Kriegsgefangene oder Zivilarbeiter zum Arbeitseinsatz nach Hitler-Deutschland gebracht. Die jeweilige Anzahl ist der Tabelle zu entnehmen, ebenso der Anteil von Kriegsgefangenen und Zivilarbeitern der auf die einzelnen Nationen entfiel.

---

93 Schreiber, Gerhard: Die italienischen Militärinternierten – politische, humane und rassenideologische Gesichtspunkte einer besonderen Kriegsgefangenschaft, in: Müller, Rolf-Dieter, Volkmann, Hans-Erich: Die Wehrmacht. Mythos und Realität, München 1999, S. 803 – 814, hier S. 807.
94 Spoerer, GWU, Zwangsarbeit, S. 514.
95 Vgl. Maier, Dieter G.: Arbeitsverwaltung und NS-Zwangsarbeit, in: Winkler, Ulrike (Hrsg.): Stiften gehen. NS-Zwangsarbeit und Entschädigungsdebatte, Köln 2000, S.67-84, hier S. 74ff.
96 Spoerer, Zwangsarbeit, S. 226.

Tabelle 1: Ausländische Zivilarbeiter/ Kriegsgefangene nach Herkunftsländern[97]

Nationalität	Gesamtzahl Zivilarbeiter 1939-1945	Gesamtzahl Kriegsgefangene 1939-1945	Gesamt
Baltikum	75.000	-	75.000
Belgien	375.000	65.000	440.000
Bulgarien	30.000	-	30.000
Dänemark	80.000	-	80.000
England	-	105.000	105.000
Frankreich	1.050.000	1.285.000	2.335.000
Griechenland	35.000	-	35.000
Italien	960.000	495.000	1.455.000
Kroatien	100.000	-	100.000
Niederlande	475.000	-	475.000
Polen	1.600.000	300.000	1.900.000
Schweiz	30.000	-	30.000
Serbien	100.000	110.000	210.000
Slowakei	100.000	-	100.000
Sowjetunion	2.775.000	1.950.000	4.725.000
Tschechei	355.000	-	355.000
Ungarn	45.000	-	45.000
Sonstige	250.000	275.000	525.000
Ausländer insgesamt	8.435.000	4.585.000	13.020.000

---

97 Zahlen nach Spoerer, Zwangsarbeit, S. 221f.

3. Die Stadt Hagen im 2. Weltkrieg

3.1 Vorbemerkungen über die Stadt

Die am Südostrand des Ruhrgebiets liegende Stadt Hagen erlangte ihren Status als Großstadt durch die Eingemeindungen mehrerer Kommunen und Amtsbezirke zwischen 1870 und 1929.[98] Bei Ausbruch des Zweiten Weltkrieges lebten rund 150.000 Menschen in Hagen, die später eingemeindete Kleinstadt Hohenlimburg hatte etwa 17.000 Einwohner.

Bereits im März 1922 wurde in Hagen eine Ortsgruppe der NSDAP gegründet, nachdem es schon seit 1919 eine Abteilung des nationalistisch-antisemitischen „Deutsch-Völkischen Schutz- und Trutzbundes", gegeben hatte.[99] Bis zur Weltwirtschaftskrise Anfang der 30er Jahre konnte sich die NSDAP in Hagen nur schwach entwickeln. Auf dem Nährboden des sozialen Elends erzielte sie ihren Durchbruch zur Massenpartei und erreichte bei den Reichstagswahlen im September 1930 in Hagen 21,8% der Stimmen (Reichsdurchschnitt 1930: 18,3 %).[100]

Nach der Machtergreifung durch die Nationalsozialisten zu Beginn des Jahres 1933 etablierten sich kurz darauf auch in Hagen die Verwaltungs- und Organisationszentralen der NSDAP und ihrer vielfältigen Gliederungen. Unter Beteiligung der öffentlichen Behörden kam es zu Gesinnungsterror und Verfolgung gegen politischer Gegner, Andersdenkender und Juden.[101] Ähnliches ereignete sich in Hohenlimburg, das im regionalen Vergleich durchaus als „SA-Hochburg" zu bezeichnen war.[102] Die Zusammenarbeit der NS-Organisationen zwischen Hagen und Hohenlimburg war verhältnismäßig eng, so erstreckte sich z.B. die Zuständigkeit der Kreisverwaltung der Deutschen Arbeitsfront (DAF) in Hagen auch auf Hohenlimburg.[103]

---

98 Vgl. Krabbe, Wolfgang R.: Wachsende Stadt – schrumpfender Landkreis. Die Eingemeindungen der Stadt Hagen von 1876 bis 1975, in: Brandt, Peter, Hobein, Beate: 1746/1996. Beiträge zur Geschichte der Stadt Hagen, Essen 1996, S. 39-52.
99 Höcke, Klaus, Zabel Hermann: Die Auflösung der Weimarer Republik, in: Becker, Jochen, Zabel, Hermann (Hrsg.): Hagen unterm Hakenkreuz, Hagen 1996[2], S. 19 – 56, hier S. 22. (im folg.zit.:Höcke, Zabel, Weimarer Republik).
100 Höcke, Zabel, Weimarer Republik S. 46.
101 Vgl. Blank, Ralf: Die Stadt Hagen im Zweiten Weltkrieg, 1998, in: URL: http://www.hco.hagen.de/ns-zeit/hagen/hagen1.htm, (Stand: 27.10.2002).
102 Zabel, Hohenlimburg, S. 36.
103 Ebd., S. 247.

Die Städte Hagen und Hohenlimburg gehörten im untersuchten Zeitraum zum Regierungsbezirk Arnsberg und lagen somit in der Provinz Westfalen. Der zuständige Gau Westfalen-Süd umfaßte in etwa das Gebiet des Regierungsbezirks Arnsberg. Im Rahmen der Reichsverteidigungsverwaltung war der Wehrkreis VI mit Wehrersatzinspektionen in Münster und Dortmund zuständig. Ebenso war die Rüstungsinspektion VI mit dem Rüstungskommando Dortmund für die kriegswirtschaftlichen Belange in der Region zuständig. Die Staatspolizeileitstelle Dortmund war in Hagen durch eine Außenstelle vertreten, ebenso existierte eine Außenstelle des Sicherheitsdienstes des Reichsführers SS (SD-Abschnitt Dortmund) in Hagen. Ein weiterer Teil des staatlichen Machtapparates war das Landgericht Hagen, das in Strafsachen auch für den Landkreis Iserlohn[104] zuständig war. Desgleichen existierte vom 15. September 1942 bis 19. November 1943 ein Sondergericht am Landgericht Hagen, welches eine überregionale Zuständigkeit besaß. Das Arbeitsamt Hagen war dem Landesarbeitsamt in Dortmund unterstellt.[105]

Oberster Repräsentant des NS-Regimes in Hagen war seit 1934 Oberbürgermeister Heinrich Vetter[106], der auch die Position des örtlichen Befehlshabers der Ordnungspolizei in Hagen innehatte. In seiner Funktion als stellvertretender Gauleiter von Westfalen-Süd erlangte er eine überregionale Bedeutung und war auch mit wichtigen Koordinierungsaufgaben bei der Durchführung von Maßnahmen des „Totalen Kriegseinsatzes" betraut.[107]

Durch zahlreiche Personalskandale und Korruptionsaffären in der Kommunalverwaltung von Hagen erhielt die Stadt weit über ihre Grenzen hinaus einen denkbar schlechten Ruf. Um so mehr dadurch, daß Vetter persönlich in diverse Vorkommnisse dieser Art involviert war.[108]

---

104 Hohenlimburg gehörte zum Landkreis Iserlohn.
105 Zur Verwaltungsgliederung vgl. Boberach, Heinz, Thommes, Rolf, Weiß, Hermann (Bearb.): Ämter, Abkürzungen, Aktionen des NS-Staates. Handbuch für die Benutzung von Quellen der nationalsozialistischen Zeit. Amtsbezeichnungen, Ränge und Verwaltungsgliederungen, Abkürzungen und nichtmilitärische Tarnbezeichnungen, München 1997, (Texte und Materialien zur Zeitgeschichte; Bd. 5).
106 Zur Person Heinrich Vetters vgl. Blank, Ralf: „...ein fanatischer Anhänger der nationalsozialistischen Lehre". Heinrich Vetter und die Vergangenheitsbewältigung in Hagen, in: Hagener Jahrbuch 4 (1999), S. 149-172.
107 Vgl. Blank, Ralf: Führerkorps der NSDAP. Ausgewählte Biographien führender Nazis im Ruhrgebiet, 1999, in: URL: http://www.historisches-centrum. de/ns-zeit/, (Stand: 28.10.2002).
108 Vgl. Blank, Ralf: Führerkorps der NSDAP. Ausgewählte Biographien führender Nazis im Ruhrgebiet. Heinrich Vetter, 2000, in: URL: http://www.historisch es-centrum.de/ns-zeit/heinrich_vetter.htm, (Stand: 28.10.2002).

3.2 Der Kriegsverlauf in Hagen

Bis zum Herbst 1943 war Hagen die einzige weitgehend unzerstörte Großstadt im Rhein-Ruhrgebiet. Im Gegensatz zu den meisten anderen Städten in der Region, stellte Hagen kein bevorzugtes Ziel für alliierte Luftangriffe dar.[109] Hauptgrund dafür war, daß die Alliierten die Bedeutung der Hagener Industrie, insbesondere die der Accumulatoren Fabrik AG (AFA) für die Marinerüstung, erheblich unterschätzten. Nach der „Flächenangriffs-Direktive" des britischen Bomber Command vom 14. Februar 1942 stellte Hagen auf Grund seiner im Kern recht kleinflächigen Bebauung und der verstreut liegenden Vororte kein ideales Angriffsziel dar und besaß daher nur „secondary importance".[110] So erfolgten bis zum Herbst 1943 nur sporadische Angriffe britischer Bomber.[111]

Der erste Großangriff auf Hagen begann am späten Abend des 1. Oktober 1943.[112] Das verheerende Bombardement der weit über 200 Maschinen hinterließ große Zerstörung und wurde von Joseph Goebbels, Reichsminister für Volksaufklärung und Propaganda, in seinen Tagebuchaufzeichnungen mit schwersten Angriffen ähnlicher Art verglichen.[113]

Der nächste schwere Angriff erfolgte über ein Jahr später am 2. Dezember 1944 und hatte besonders das AFA-Werk und verkehrswichtige Eisenbahnanlagen zum Ziel. Fast 500 Bomber richteten umfangreiche Zerstörungen an und forderten Hunderte von Menschenleben, darunter auch viele ausländische Zwangsarbeiter und Kriegsgefangene, denen kein ausreichender Luftschutz zugebilligt wurde. Die ersten Tagangriffe

---

109 Vgl. hierzu die Aussage von Sir Arthur Harris, Chef des Bomber Command der Royal Air Force vom 16.6.1943: „Um den Feind zu zwingen seine Verteidigungsmittel verstreut zu halten, hauen wir gelegentlich eine Stadt wie Wuppertal zusammen. Ich zweifele nicht daran, daß das Ergebnis dieses Angriffs darin bestanden hat, Solingen, Remscheid, Hagen und ähnlich zweitklassige Ziele nach Schutz schreien zu lassen. [...]". Zitiert nach: Krüger, Norbert: Die Bombenangriffe auf das Ruhrgebiet im Frühjahr 1943, in: Borsdorf, Ulrich, Jamin, Mathilde (Hrsg.): Über Leben im Krieg. Kriegserfahrung in einer Industrieregion 1939-1945, Hamburg 1989, S. 88-100, hier S. 98.
110 Blank, Ralf: Die Stadt Hagen im Zweiten Weltkrieg, 1998, in: URL: http://www.historisches-centrum.de/ns-zeit/hagen/hagen4.htm, (Stand: 29.10.2002).
111 Blank, Ralf: Die Stadt Hagen im Zweiten Weltkrieg, 1998, in: URL: http://www.historisches-centrum.de/ns-zeit/hagen/hagen3.htm, (Stand: 29.10.2002).
112 Die Ausführungen zu den Luftangriffen auf Hagen folgen im wesentlichen Blank, Ralf: Die Stadt Hagen im Bombenkrieg, in: Sollbach, Gerhard E. (Hrsg.): Hagen 1939-1948. Kriegsjahre und Nachkriegszeit. Hagen 1995³ (Hagener Stadtgeschichte(n); Bd. 4), S. 8-26.
113 Vgl. Blank, Hakenkreuz S. 361.

auf Hagen erfolgten am 28. Februar und 10. März 1945 gegen verschiedene Verschiebebahnhöfe. Sie standen im Zusammenhang mit dem „Ruhr-Abriegelungsprogramm" der 8. US-Luftflotte, das als Ziel die Ausschaltung wichtiger Verkehrsknotenpunkte vorsah. Den schwersten Flächenangriff erlebte die Stadt in der Nacht vom 15. auf den 16. März, als britische Halifax- und Lancasterbomber schwerpunktmäßig das Stadtzentrum angriffen und es dabei fast völlig zerstörten. Bis heute konnte die genaue Zahl der Toten – über 400 fanden allein durch einen Bunkervolltreffer den Tod – nicht festgestellt werden.[114]

Die Eroberung und Besetzung Hagens zwischen dem 14. und 17. April 1945 erfolgte im Rahmen einer Operation amerikanischer Verbände zur Spaltung des „Ruhrkessels", die die Kapitulation der verbliebenen Wehrmachtsverbände im Ruhrgebiet erzwingen sollte.[115] Bei ihrem Einmarsch in Hagen stießen die Truppen der 86. US-Infanteriedivision stellenweise auf heftigen Widerstand. Angestachelt durch wahnwitzige Durchhaltebefehle bekämpften Volkssturm und Hitlerjugend die anrückenden US-Soldaten und bewirkten so noch weitere, unnötige Verluste in den letzten Tagen des Krieges. Über 2.200 Hagener Bürger fanden von 1940 – 1945 durch alliierte Bomben oder durch die Gefechte beim Einmarsch der amerikanischen Truppen den Tod.[116]

3.3 Batterien und Stahl - Die Hagener Rüstungsindustrie

Seit jeher bestimmend für die wirtschaftliche, verkehrstechnische sowie demographische Entwicklung der Stadt Hagen war ihre Mittelstellung zwischen dem erz- und waldreichen Sauer- und Siegerland und dem industrieträchtigen Ruhrgebiet. Diese „Scharnierfunktion" stellt einen maßgeblichen Entwicklungsfaktor für die Stadt dar. Die Topographie der Stadt, die durch den Verlauf der Flüsse Volme, Ruhr und Lenne in Verbindung mit dem waldreichen Umland bestimmt wird, förderte die Ansiedlung eines eisenschaffenden und -verarbeitenden Gewerbes. Durch die ökonomischen Impulse aus dem märkischen Sauerland entwickelte sich jedoch mit wenigen Ausnahmen eher eine Kleineisenindu-

---

114 Blank, Ralf: Die Stadt Hagen im Zweiten Weltkrieg, 1998, in: URL: http://www.historisches-centrum.de/ns-zeit/hagen/hagen6.htm, (Stand: 29.10.2002).
115 Vgl. Mues, Willi: Der große Kessel. Eine Dokumentation über das Ende des Zweiten Weltkrieges zwischen Lippe und Ruhr/Sieg und Lenne, Lippstadt 1984, S. 497ff.
116 Sollbach, Gerhard E.: Kriegsende und frühe Nachkriegszeit, in: Sollbach, Gerhard E. (Hrsg.): Hagen 1939-1948. Kriegsjahre und Nachkriegszeit. Hagen 1995³, S. 28 – 64, hier S. 30f (Hagener Stadtgeschichte(n); Bd.4).

strie.[117] Im Zuge der fortschreitenden Industrialisierung wurde Hagen zudem zu einem wichtigen Verkehrsknotenpunkt.[118]

Bei Ausbruch des Zweiten Weltkrieges war die Stadt Hagen ein wichtiger Produktionsstandort der Rüstungsindustrie. Über das ganze Stadtgebiet verteilt arbeiteten Fabriken und Unternehmer für die deutsche Kriegswirtschaft. Die Reichsbetriebskartei[119] (RBK) verzeichnet für das Frühjahr 1944 – in der Hochphase der deutschen Kriegsproduktion – 54 als „kriegswichtig" eingestufte Betriebe in Hagen, die bevorzugt mit ausländischen Arbeitskräften versorgt wurden.

Die Hochöfen Klöckner-Werke AG in Hagen-Haspe zählten zu den wichtigen Produzenten von Stahl und Roheisen im Rhein-Ruhrgebiet. Als Zulieferbetrieb von Panzerkampfwagen waren die Stahlwerke Harkort & Eicken GmbH, eine hundertprozentige Hoesch-Tochterfirma, mit ihren eng kooperierenden Werken in Hagen-Wehringhausen/Eckesey und Wetter/Ruhr in das Panzerbauprogramm mit einbezogen.[120] Neben der Herstellung von Türmen und Aufbauten für den Panzer „V" Panther, übernahm die Firma zusätzlich 1943 die Produktion von Wannen und Aufbauten für Sturmgeschütze. Rund 40% der Gesamtproduktion an diesen Montageteilen wurde 1944 bei Harkort & Eicken gefertigt.[121] Die Schmiedag AG - ebenfalls ein Teil des Hoesch-Konzerns - erzeugte in den drei Hagener Betrieben unterschiedliche Rüstungsgüter in großem Umfang. Darunter Panzerabwehrgeschütze[122] und Artilleriemuniti-

---

117 Vgl. Bürgener, Martin: Hagen. Eine junge Industriegroßstadt im märkischen Sauerland, Hagen 1960, S. 24ff.

118 Vgl. Simon, Dietmar: Hagen und der Eisenbahnbau. Strukturpolitik und Wirtschaftsentwicklung im 19. Jahrhundert, in: Brandt, Peter, Hobein, Beate: 1746/1996. Beiträge zur Geschichte der Stadt Hagen, Essen 1996, S. 76-87.

119 Die Reichsbetriebskartei ist eine in der Arbeitsgruppe Maschinelles Berichtswesen des Reichsministeriums für Rüstung und Kriegsproduktion entstandene Kartei, die in erster Linie die Betriebe der Reichsgruppe Industrie, für die ein rüstungswirtschaftliches Interesse bestand, erfaßt. Sie gibt im wesentlichen Auskunft über Produktionsprofil, Betriebsfläche, Anzahl der Beschäftigten und nennt die verantwortlichen Betriebsführer. Vgl. StadtA Hagen, Quellensammlung Zwangsarbeit: BA, B, R3/2009, Reichsbetriebskartei, Hagener Firmen.

120 StadtA Hagen, Quellensammlung Zwangsarbeit: BA-MA, RW 21-14/17, Bl.49, Kriegstagebuch des Rüstungskommandos Dortmund, 1.Quartal 1944.

121 Vgl. Blank, Ralf: Arbeiten für die Kriegsrüstung im Zweiten Weltkrieg. Zwangsarbeit in Hagen 1939-1945. Stahlwerke Harkort & Eicken GmbH, 2001, in: URL: http://www.historisches-centrum.de/zwangsarbeit/s-20.html, (Stand: 28.10.2002).

122 StadtA Hagen, Quellensammlung Zwangsarbeit: BA-MA, RW 21-14/15, Bl. 51, Kriegstagebuch des Rüstungskommandos Dortmund, 3.Quartal 1943.

on verschiedener Kaliber.[123] Auch die Hohenlimburger Industrie war in die Rüstungsfertigung eingebunden. In dem hier ansässigen Werk der Hoesch AG wurden spezielle Drehstabfedern für die Fahrgestelle von Panzern gefertigt. Durch seinen Status als einer der drei reichsweiten Produzenten in der „Engpass-Fertigung" dieser wichtigen Fahrgestellteile, besaß das Werk hohe Priorität für die deutsche Kriegsrüstung.[124] Darüber hinaus existierten verschiedene Spezialbetriebe, so z.B. die Stoffdruckerei Göcke & Sohn in Hohenlimburg, die im Mai mit der Serienproduktion von Heck- und Ruderanlagen für die Flugbombe Fi 103, der „Vergeltungswaffe" V1, begann.[125] Bedeutsam für die Luftrüstung war u.a. die Firma Ruberg & Renner, die Munitionsgurte und Lafetten von Bordwaffen fertigte, die in deutschen Kampfflugzeugen Verwendung fanden.[126]

Die größte kriegswirtschaftliche Bedeutung im Raum Hagen hatte jedoch zweifelsohne die im Stadtteil Wehringhausen ansässige Accumulatoren Fabrik AG Berlin-Hagen (AFA).[127] Das im Besitz des Industrie- und Wirtschaftsmagnaten Günter Quandt befindliche Stammwerk des AFA-Konzerns besaß eine sehr hohe Priorität für den deutschen U-Bootbau. Die von der AFA entwickelten und hergestellten Batterieanlagen lieferten bei Unterwasserfahrten die notwendige Energie. Bis 1940 war das AFA-Werk in Hagen der einzige Produktionsbetrieb für U-Bootbatterien im Deutschen Reich. Auf Grund der hohen Bedeutung, die von deutscher Seite dem U-Bootkrieg zugemessen wurde, war der Betrieb als besonders kriegswichtig eingestuft worden.[128] Neben der Produktion von Akkumulatoren für Torpedos und U-Booten wurden in der „Leitferti-

---

123   StadtA Hagen, Quellensammlung Zwangsarbeit: BA-MA, RW 20-6/1, Bl. 148, Kriegstagebuch Rüstungsinspektion VI Münster, Aufstellung über die im Gebiet der RüIn VI gebildeten Arbeitsgemeinschaften v. 7.5.1940.
124   Vgl. Blank, Ralf: Arbeiten für die Kriegsrüstung im Zweiten Weltkrieg. Zwangsarbeit in Hagen 1939-1945. Hoesch AG, 2001, in: URL: http://www.historisches-centrum.de/zwangsarbeit/h-23.html, (Stand: 28.10.2002).
125   Blank, Hakenkreuz, S. 336.
126   StadtA Hagen, Quellensammlung Zwangsarbeit: BA-MA, RW 21-14/13, Bl. 91, Kriegstagebuch des Rüstungskommandos Dortmund, 1. Quartal 1943.
127   Zur Accumulatoren Fabrik (AFA) und ihren (rüstungs-)wirtschaftlichen Aktivitäten vgl. Blank, Ralf: U-Bootbatterien aus Hagen. Die Accumulatoren Fabrik AK und der U-Bootbau, 1998, in: URL: http://www.historisches-centrum.de/stadtgeschichte/afa/, (Stand: 28.10.2002).
128   Die AFA findet sich auf einer Liste von 20 Betrieben mit „besonderer rüstungswissenschaftlicher Bedeutung" in der „rüstungswirtschaftlich an erster Stelle" stehenden Rüstungsinspektion VI, vgl. StadtA Hagen, Quellensammlung Zwangsarbeit: BA-MA, RW 20-6/16, Bl. 9, Kriegstagebuch Rüstungsinspektion VI Münster, 4. Quartal 1939.

gungsstelle" Hagen seit 1938/1939 Spezialbatterien für das deutsche Raketenprogramm entwickelt und seit 1942/43 für die Fernrakete A4, die „Vergeltungswaffe V 2", in Serie hergestellt.[129]

Darüber hinaus besaß Hagen als Eisenbahnknotenpunkt auch für den militärischen Nachschub einen hohen Stellenwert. Dieser Gütertransport wurde über die drei großen Verschiebebahnhöfe Vorhalle, Eckesey/ Altenhagen und Bathey abgewickelt.[130] Der Schwerpunkt der Rüstungsproduktion 1939-1945 im Raum Hagen lag, neben den benannten Firmen, auf der Elektrotechnik sowie der Fertigung von Ausrüstungs- und Montageteilen.

Die Engpässe der Kriegswirtschaft machten auch vor Hagen nicht Halt. Bereits im Frühjahr 1940 war in der Volmestadt, ähnlich wie im gesamtem Gau Westfalen-Süd, der Mangel an Arbeitskräften durch die Einberufungen zur Wehrmacht zum beherrschenden Problem geworden.[131] Betriebsstillegungen und „Auskämmaktionen", mit dem Ziel, Arbeitskräfte für die Kriegsproduktion freizusetzen, erbrachten nicht den gewünschten Erfolg, zumal sie auch häufig auf Widerstand in den Firmen stießen.[132] So ist es nicht verwunderlich, daß es in einem Bericht der Rüstungsinspektion VI heißt:

> „Die Bereitstellung der benötigten Arbeitskräfte ist jetzt zum beherrschenden Kernproblem der gesamten Kriegswirtschaft geworden. Die Arbeitseinsatzfragen bestimmen nunmehr die Erfüllung der zugewiesenen Aufgaben."[133]

Diese Aussage illustriert den immensen Stellenwert der Arbeitskräfte für die Rüstungsindustrie und ihre Abhängigkeit von den ausländischen Arbeitern. Der Mangel an (Fach-)Arbeitern nahm insbesondere als Folge des „totalen Kriegseinsatzes" seit 1943 weiter zu und erreichte produkti-

---

129 Blank, Ralf: Energie für die „Vergeltung". Die Akkumulatoren Fabrik AG Hagen und das deutsche Raktenprogramm 1942-1945, in: Hagener Jahrbuch 3 (1997), S. 141-151, hier S. 141ff.
130 Vgl. Blank, Ralf: Die Stadt Hagen im Zweiten Weltkrieg, 1998, in: URL: http://www.hco.hagen.de/ns-zeit/hagen/hagen1.htm, (Stand: 28.10.2002).
131 Kratzsch, Gerhard: Der Gauwirtschaftsapparat der NSDAP. Menschenführung – „Arisierung" – Wehrwirtschaft im Gau Westfalen Süd, Münster 1989, S. 345. (im folg. zit.: Kratzsch, Wehrwirtschaft).
132 Kratzsch, Wehrwirtschaft, S. 384.
133 StadtA Hagen, Quellensammlung Zwangsarbeit: BA-MA, RW 19/73, Bl. 94, Bemerkenswerte Punkte über die wehrwirtschaftlich Lage der Rü In VI aus dem 14. Lagebericht der Rüstungsinspektionen an das Wehrwirtschafts- und Rüstungsamt im OKW, v. 19.4.1940.

onshemmende Ausmaße.[134] Die Sicherung der Produktionsabläufe konnte zunehmend nur durch die Beschäftigung von ausländischen Kriegsgefangenen und Zivilarbeiter sichergestellt werden. Im Herbst 1944 machten die ausländischen Zivilarbeitern und Kriegsgefangenen bei der AFA fast 40% der gesamten Werksbelegschaft von bis zu 5.800 Arbeitskräften aus.[135] Bei der Firma Schmiedag erreichte der Anteil der ausländischen Arbeiter in einzelnen Werksteilen zeitweise bis zu 90% der Beschäftigten.[136] Hierdurch wird deutlich, daß die deutsche Rüstungsproduktion nur durch die Bemächtigung der menschlichen und materiellen Ressourcen, der nach und nach eroberten Länder, gesichert werden konnte. Neben dem Profit durch den Einsatz von Zwangsarbeitern verdienten auch einige Firmen am „Reichseinsatz" selber. So stellte die Firma Kötter in Hagen sogenannte „Massivbau-Baracken" her, die über die Stadtgrenzen hinaus Verbreitung fanden.[137] In über 200 Hagener Firmen[138] mußten ausländische Kriegsgefangene und Zivilarbeiter ihre Arbeitskraft für die deutsche Kriegsproduktion zur Verfügung stellen.

---

134 StadtA Hagen, Quellensammlung Zwangsarbeit: BA-MA, RW 21-14/12, Bl. 45, Kriegstagebuch des Rüstungskommandos Dortmund, 4.Quartal 1942.
135 Arbeitskräfte im AFA-Werk Hagen, 1.Quartal 1939 – 1. Quartal 1945, National Archives, Washington D.C, Record Group 243 [USSBS], Report 92a [AFA-Hagen], in: URL: http://www.historisches-centrum.de/zwangsarbeit/edition/belegschaft_afawerk.htm, (Stand: 10.11.2002).
136 StadtA Hagen, Quellensammlung Zwangsarbeit: BA-MA, RW 21-14/12, Bl. 64, Kriegstagebuch des Rüstungskommandos Dortmund, 4.Quartal 1942.
137 StadtA Hagen, Quellensammlung Zwangsarbeit: BA-MA, RW 21-14/14, Bl. 53f , Kriegstagebuch des Rüstungskommandos Dortmund, 2.Quartal 1943.
138 "Catalogue of Camps and Prisons in Germany and German-Occupied Territories Sept 1st 1939 - May 8th 1945", in: Weinmann, Martin (Hrsg.): Das nationalsozialistische Lagersystem, Frankfurt a. M.1990, S. 129ff.

4. Umfang und Phasen der Ausländerbeschäftigung

4.1 Beute aus den „Blitzkriegen" – Der Einsatz von Kriegsgefangenen

Entsprechend den Vorkriegsplanungen begann unmittelbar nach Kriegsbeginn der Einsatz polnischer Kriegsgefangener in der Landwirtschaft und wurde rasch auf andere Bereiche wie den Bergbau oder Bauarbeiten für die Reichsbahn ausgeweitet.[139] Im Sommer 1940 folgten ihnen die gefangenen Soldaten der westlichen Kriegsschauplätze, im wesentlichen Franzosen. Am 3. Oktober 1939 verständigten sich die für Westfalen zuständigen Behörden in Arnsberg auf die Rahmenbedingungen des Kriegsgefangeneneinsatzes, wobei wenig zentral festgelegt, und den Regionen Handlungsspielräume für die jeweiligen Instanzen gelassen wurden.[140] Dies war ein normaler und erwünschter Vorgang, da nur ein kleiner Teil der „Sondervorschriften" als „reichsrechtliche Vorschriften" erlassen wurde.[141] Wichtigstes Zentrum der zur Zwangsarbeit verpflichteten Kriegsgefangenen in Westfalen war das Stalag VI/A in Hemer. Das Kriegsgefangenenlager in Hemer war eines der größten im Deutschen Reich und verwaltete im Jahre 1944 rund 100.000 Gefangene, die im Lager selbst und auf zahlreiche Arbeitskommandos in der Region verteilt untergebracht waren.[142] Im November 1942 änderte sich die Zuständigkeit für den Raum Hagen, da das Stammlager in Hemer als ein Speziallager für die „Arbeitskräfteversorgung" des Ruhrbergbaus eingerichtet wurde. Die Zuteilung von Kriegsgefangenen an die Hagener Betriebe erfolgte von nun an durch das Stalag VI/D bei der Dortmunder Westfalenhalle.[143] Für den Arbeitseinsatz der Kriegsgefangenen wurden

---

139 StadtA Hagen, Quellensammlung Zwangsarbeit: BA, B, R3901/20479, Der Reicharbeitsminister an die Präsidenten der Landesarbeitsämter, betr. Arbeitseinsatz von Kriegsgefangenen; hier: Einsatz bei nicht landwirtschaftlicher Arbeiten v. 26.9.1939.
140 Reininghaus, Wilfried: Zwangsarbeit und Zwangarbeiter in Westfalen 1939-1945, 2000, Quellen des Staatsarchiv Münster, in: URL: http://www.archive.nrw.de/dok/reininghaus01/, (Stand: 7.11.2002).
141 Hertel, Phillip: Arbeitseinsatz ausländischer Zivilarbeiter, Stuttgart 1942, S. 63.
142 Zum Kriegsgefangenenlager Stalag VI/A in Hemer vgl. Stopsack, Hans-Hermann, Thomas, Eberhard: Stalag VI A Hemer. Kriegsgefangenenlager 1939-1945. Eine Dokumentation, Hemer 1995.
143 StadtA Hagen, SamHa 20, fol.20: Rundschreiben des Kriegsgef. M-Stammlager VI/D an sämtliche Unternehmer, betr. Lohnabrechung der Kr.-Gef. v. 23.12.1942.

auf der lokalen und regionalen Ebene recht schnell Verfahrensabläufe installiert. Diese sahen vor, daß die Unternehmen ihren Arbeitskräftebedarf an die zuständigen Arbeitsämter meldeten und diese dann die Kriegsgefangenen von dem Stalag anforderten. Dabei kam es zu regelrechten Vertragsabschlüssen zwischen dem Kommandanten des Stalags und den Firmen. Die Unternehmer verpflichteten sich zu einer Reihe von Regelungen, welche im wesentlichen aus dem Kriegsvölkerrecht resultierten. Für die Unterbringung der arbeitenden Gefangenen mußte durch den Unternehmer gesorgt werden, wenn auch die Wehrmacht weiter für die Bewachung zuständig blieb und kurzfristig über den Einsatzort verfügen konnte. Bei möglichen Vergehen erfolgte eine Bestrafung der Kriegsgefangenen durch die militärischen Stellen im Stammlager. Festgelegt wurde auch die Bezahlung der Kriegsgefangenen, die nur 60% des vergleichbaren Lohns eines deutschen Arbeiters betrug.[144] Von dem Entgeld, das die Kriegsgefangenen bezogen und welches in Form eines, nur im Stalag gültigen, „Lagergeldes" ausbezahlt wurde, bestritt der Unternehmer einen Teil seiner Kosten für Kost und Logis, die so das ohnehin schon geringe Entgelt noch weiter schmälerten.[145] Dieses Verfahren hatte im Grundsatz bis zum Ende des Krieges Bestand. In den Vertragsbestimmungen, aber auch in den verschiedenen Merkblättern für die Unternehmen, finden sich zahlreiche schwammige Formulierungen, die insbesondere die Verpflegung und Unterkunft betreffen. Die Verpflegung sollte „ausreichend" sein, wobei die „Verwendung von hochwertigen Lebensmitteln" unzulässig war.[146] Da die Lebensmittelversorgung durch die Unternehmer erfolgte, stand einem möglichen Mißbrauch wenig im Wege. Die durch das Reichssicherheitshauptamt (RSHA) im März 1940 ergangenen „Polenerlasse" regelten die Lebensverhältnisse der polnischen Kriegsgefangenen und Zivilarbeiter bis ins letzte Detail und sollten die „rassische Unterlegenheit des Polentums" verdeutlichen.[147] Dieses Erlaßpaket bildete das Grundmodell für die Behandlungskriterien, denen sie sich in Deutschland unterwerfen mußten. In einer Vielzahl von Einzelbestimmungen wurde ihr Leben in Deutschland reglementiert. Der Kontakt zur deutschen Bevölkerung sollte weitestgehend ver-

---

144 StadtA Hagen, Bestand Hagen I, Akte 10607: Vertragsvordruck zur Überlassung von Kriegsgefangenen zur Arbeit zwischen dem Stalag VI/A Hemer und Unternehmer (1940).
145 StadtA Hagen, SamHa 20, fol.20: Rundschreiben des Kriegsgef. M-Stammlager VI/D an sämtliche Unternehmer, betr. Lohnabrechung der Kr.-Gef. v. 23.12.1942.
146 StadtA Halver, K III/9 1940-1943, Bd.1: Merkblatt des Wehrkreiskommandos VI für die Behandlung von Kriegsgefangenen beim Arbeitseinsatz im Wehrkreis VI v. 1.6.1940.
147 Herbert, Ausländerpolitik, S. 133.

hindert werden, bei sexuellen Beziehungen zu deutschen Frauen drohte die öffentliche Hinrichtung.[148] Ihre regionale Umsetzung findet sich in den Vorschriften zur Behandlung der Kriegsgefangenen, denen jeder Kontakt zur deutschen Bevölkerung oder anderen ausländischen Arbeitern untersagt war.[149]

Auch in Hagen hatte man Vorbereitungen für den Einsatz der Kriegsgefangenen getroffen. In der Erwartung eines baldigen Einsatzes wurden durch die kommunalen Stadtwerke im November 1939 15 Wachmänner eingestellt.[150] Tatsächlich war es auch die Kommunalverwaltung selber, die sich als eine der ersten in Hagen bereits im November 1939 der Arbeitskraft von 30 polnischen Kriegsgefangenen bediente und diese zu Meliorationsarbeiten in der Nähe der Hasper Talsperre einsetzte.[151] Diesen folgten im Frühjahr und Sommer 1940 weitere polnische und französische Kriegsgefangene bzw. Zivilarbeiter. Die Reichsbahn und das städtische Versorgungsunternehmen Elektromark zählten zu den ersten Institutionen, die in größerem Umfang Zwangsarbeiter in Hagen beschäftigten.[152] Auch beim Bau der „Reichsautobahn" durch die Organisation Todt im Hagener Norden kamen schon recht früh polnische und niederländische Zivilarbeiter zum Einsatz.[153] Im Zuge dessen forderten auch die ersten Hagener Firmen ausländische Arbeitskräfte an, so setzten die Stahl- und Eisenwerke des Klöckner-Konzerns seit Juli 1940 französische Kriegsgefangene ein.[154] Die steigende Zahl der Zwangsarbeiter führte zu Unterbringungsschwierigkeiten, da eine geschlossene Unterbringung in Lagern favorisiert wurde, um die Bewachung sicher zu stellen und die Kontakte mit der deutschen Bevölkerung auf ein Mini-

---

148 Herbert, Fremdarbeiter, S. 88ff.
149 StadtA Halver, K III/9 1940-1943, Bd.1: Merkblatt des Wehrkreiskommandos VI für die Behandlung von Kriegsgefangenen beim Arbeitseinsatz im Wehrkreis VI v. 1.6.1940.
150 StadtA Hagen, Quellensammlung Zwangsarbeit: Ordner Prüfungsberichte betr. Jahresabschluß der Wirtschaftsprüfer bei den Hagener Stadtwerken 1938-1945, Bericht für das Jahr 1939 v. 5.10.1940. S. 20.
151 StadtA Hagen, Quellensammlung Zwangsarbeit: Staatsarchiv (StA) Münster Regierung Arnsberg III B/3295, Wasserwirtschaftsamt Hagen an den Regierungspräs. in Arnsberg betr. Beschäftigung von Kriegsgefangenen bei Meliorationen, v. 20.11.1939.
152 StadtA Hagen, Quellensammlung Zwangsarbeit: Hausbuch „Wohnlager Strandhaus, Dorfstr. 14 II".
153 StadtA Hagen, Quellensammlung Zwangsarbeit: Hausbuch „Ruhrbrücke Hagen-Bathey".
154 Vertrag zwischen Klöckner-Werke AG und STALAG VI/A Hemer v. 10.7.1940 betr. Überlassung von 100 französischen Kriegsgefangenen, abgedruckt bei Stöcker, Arbeiterbewegung, S. 210f.

mum zu reduzieren. So forderte die Südwestfälische Industrie- und Handelskammer zu Hagen alle Betriebe auf, mögliche Unterbringungsmöglichkeiten zu benennen.[155] Dies weißt darauf hin, daß seitens der Betriebe und auch seitens der kommunalen Behörden keine ausreichende Vorsorge getroffen worden war. Die Stadt leistete breitwillig Hilfestellung, indem sie öffentliche Grundstücke und Gebäude an die Unternehmen vermietete.[156] Auch an anderer Stelle verlief die Überlassung der Kriegsgefangenen an die Firmen durch die Wehrmacht nicht immer reibungslos, wie das Rüstungskommando Dortmund moniert:

> „Es ist nicht zu verstehen, wie dieser Betrieb [die AFA, JF] jemals Arbeitskräfte bekommen soll, wenn er selbst sich nicht für verpflichtet hält, seinen Anteil – die Unterbringung dieser Menschen durchzuführen."[157]

Dies zeigt recht deutlich, daß die Unternehmen zwar gerne auf die ökonomisch lukrative Arbeitskraft der Gefangenen zurückgriffen, sich selbst aber nicht dazu verpflichtet fühlten, für diese zu sorgen.

Ein Grund dafür lag sicherlich in der Erwartungshaltung gegenüber den mit dem „Arbeitseinsatz" betrauten kommunalen und regionalen Behörden, sich umfassend mit allen Belangen des Einsatzes der Kriegsgefangenen zu befassen. Insgesamt können für das heutige Stadtgebiet Hagens bis 1945 34 Kriegsgefangenenlager bzw. Arbeitskommandos nachgewiesen werden.[158] Die meisten von ihnen waren den Firmen angegliedert oder lagen in erreichbarer Nähe. Teilweise waren einzelne Baracken auch direkt den Lagern für zivile Zwangsarbeiter angeschlossen. Eine benachbarte Errichtung von Lagern trat vermehrt im Zuge der zahlenmäßigen Ausdehnung der Zwangsarbeit ab 1942 auf und ließ eine strikte Trennung nicht immer zu. Im August 1940 wurden vom Landesarbeitsamt Westfalen nur 79 Arbeitskräfte zur Vermittlung nach Hagen angefordert[159], was als Indiz gewertet werden kann, daß das Zuteilungskon-

---

155 StadtA Halver, K III/9, 1940-1943, Bd.1, Rundbrief der Südwestfälischen Industrie- und Handelskammer zu Hagen, betr. Unterbringungsmöglichkeiten für Kriegsgefangene v. 16.7.1940.
156 StadtA Hagen, Bestand Hagen I, Akte 10607, Der Kreisgeschäftsführer der NSDAP in Hagen an die Polizeiverwaltung Hagen, betr. Unterbringung von Kriegsgefangenen in der Jugendherberge Hagen-Haspe v. 18.11.1940.
157 StadtA Hagen, Quellensammlung Zwangsarbeit: BA-MA, RW 21-14/3, Bl. 66-67, Kriegstagebuch des Rüstungskommandos Dortmund, 3. Quartal 1940.
158 StadtA Hagen, Auflistung aller Lager und Unterkünfte von Zivilarbeitern und Kriegsgefangenen in Hagen und Hohenlimburg, Stand: September 2002.
159 StadtA Hagen, Quellensammlung Zwangsarbeit: BA, B, R3901/20163, Bl. 136, Der Präsident des Landesarbeitsamtes Westfalen an das Wehrkreiskommando VI, betr. Arbeitseinsatz von Kriegsgefangenen im Wehrkreis VI, v. 28.8.1940.

tingent für die „kriegswichtigen" Betriebe und Dienstherren in Hagen zunächst erschöpft war bzw. vorerst kein weiterer Bedarf bestand. Durch die „Blitzkriegeuphorie" und der damit verbundenen Erwartung der baldigen Rückkehr, der zur Wehrmacht einberufenen Arbeiter, bewertete man die Situation positiv:

> „Zusammenfassend kann an dieser Stelle gesagt werden, daß die Arbeitseinsatzlage im Juli 1940 eine gewisse Entspannung erfahren hat. Dies war zurückzuführen auf [...] die durch Änderung der militärischen Lage erfolgten Entlassungen, auf die verminderte Einberufung sowie zu einem geringem Teil auf die Drosselung der Munitionsfertigung."[160]

Insgesamt kamen bis zum Jahresende 1940 fast 1500 Zwangsarbeiter nach Hagen[161], die meisten von ihnen waren polnische Zivilarbeiter und französische Kriegsgefangene. Unter ihnen aber auch rund 300 angeworbene Niederländer, die durch den drohenden Entzug ihrer Arbeitslosenunterstützung von den deutschen Behörden zur Arbeit in Deutschland genötigt wurden.[162]

Die genaue Verteilung und der Beschäftigungsbeginn ist der Tabelle zu entnehmen, wobei berücksichtigt werden muß, daß es unter den Zwangsarbeitern teilweise zu erheblichen Fluktuationen kam. Somit kann nur bedingt auf die Gesamtzahl für einen bestimmten Zeitraum geschlossen werden.

---

160 StadtA Hagen, Quellensammlung Zwangsarbeit: BA-MA, RW 20-6/13, Bl.101, Kriegstagebuch Rüstungsinspektion VI Münster, 3. Quartal 1940.
161 Vgl. Tabelle 2.
162 Spoerer, Zwangsarbeit, S. 58.

Tabelle 2: Ausländische Kriegsgefangene und Zivilarbeiter in Hagen[163]

Nationalität	1939	1940	1941	1942	1943	1944	1945
Belgien	2	68	50	220	484	158	49
Bulgarien	-	-	-	35	20	22	-
Frankreich	3	415	386	818	2.904	827	131
Griechenland	-	-	3	69	5	10	2
Italien	12	25	166	119	65	923	69
Jugoslawien[164]	8	14	93	77	27	53	6
Niederlande	7	297	258	654	1011	536	39
Polen	20	544	164	466	728	1.028	52
Sowjetunion[165]	-	17	247	5.369	2.919	4.247	633
Tschechoslowakei	120	62	103	136	27	11	1
Ungarn	10	11	39	36	5	7	-
Rest	4	13	17	44	76	67	23
Insgesamt	186	1.466	1.526	8.043	8.271	7.889	1.004

Im Herbst 1940 waren über 2 Millionen ausländische Arbeitskräfte, darunter ca. 1,2 Millionen Kriegsgefangene[166], in Deutschland beschäftigt. Dies entsprach 10% aller im Reich beschäftigten Arbeitskräfte.[167]

---

163 Die Tabelle wurde auf Grundlage von 28.385 Zwangarbeitern mit bekannter Nationalität und datierbarem Beschäftigungsbeginn in Hagen erstellt.
164 Mit Kroatien, Serbien, Bosnien etc.
165 Mit der Ukraine und den baltischen Staaten.
166 Im Bereich der Rüstungsinspektion VI waren am 17.18.1940 ca. 121.000 Kriegsgefangene im Einsatz. StadtA Hagen, Quellensammlung Zwangsarbeit: BA-MA, RW 20-6/2, Bl. 21, Kriegstagebuch Rüstungsinspektion VI Münster, 3. Quartal 1940.
167 Herbert, Fremdarbeiter, S. 112.

4.2 „Arbeitsvölker" aus dem Osten

Die Einberufungen zur Wehrmacht infolge des Überfalls auf die Sowjetunion und die steigenden Verluste an Menschenleben an den verschiedenen Fronten verschärften den Mangel an Arbeitskräften zusehends. Nach den schnellen Siegen über Polen und Frankreich war die deutsche Führung von einem ebensolchen „Blitzsieg" gegen die Sowjetunion überzeugt. In fester Siegeszuversicht rechneten die deutschen Arbeitseinsatzbehörden damit, daß der Mangel an Arbeitskräften, durch die Entlassung der Arbeiter aus der Wehrmacht, am Ende des Jahres überwunden sein würde.[168] Einen ausgedehnten Zwangseinsatz der Millionen von sowjetischen Kriegsgefangenen, die der Wehrmacht in den ersten Monaten der "Operation Barbarossa" – dem Angriff auf die Sowjetunion – in die Hände fielen, plante die deutsche Führung zunächst nicht. Ganz im Sinne des nationalsozialistischen Rassenwahns wurde das Sterben der Gefangenen billigend in Kauf genommen.[169] Fast 60% der insgesamt 3,35 Millionen Rotarmisten, die durch die Wehrmacht bis Ende 1941 gefangen genommen wurden, starben bis Februar 1942 durch Seuchen, Kälte, Unterernährung und der gezielten Ermordung einzelner Gefangenengruppen.[170] Daß die Wirtschaft in der Hagener Region diese Ansicht nicht uneingeschränkt teilte und weiterhin massiv unter dem Mangel an Arbeitskräften litt, zeigen die Vorbereitungen auf den Einsatz sowjetischer Kriegsgefangener im Sommer 1941.[171] Ein Sinneswandel in der deutschen Führung trat erst Ende Oktober 1941 ein, als man erkennen mußte, daß der deutsche Vormarsch zunächst gestoppt war und mit einer baldigen Rückkehr der in die Wehrmacht einberufenen Soldaten an ihre Arbeitsplätze nicht zu rechnen war. Nur unter dem ideologischen Zugeständnis einer möglichst schlechten Behandlung der eingesetzten „Ost-Arbeiter" wurde ein Einsatz unter schärfsten Auflagen gestattet. Das Wehrkreiskommando warnte vor den „zerlumpten" Russen und befürchtete bolschewistische Agitation. Zwar seien Offiziere

---

168 Herbert, Ausländereinsatz, S. 26.
169 Streit, Christian: Keine Kameraden. Die Wehrmacht und die sowjetischen Kriegsgefangenen 1941-1945, Bonn 1997[4], S. 188f.
170 Streit, Christian: Sowjetische Kriegsgefangene – Massendeportationen – Zwangsarbeiter, in: Michalka, Wolfgang (Hrsg.): Der Zweite Weltkrieg. Analysen, Grundzüge, Forschungsbilanz, München 1989, S. 747 – 760, hier S. 747. Zu den gezielten Assonderungen und Ermordungen an sowjetischen Kriegsgefangenen vgl. Otto, Reinhard: Wehrmacht, Gestapo und sowjetische Kriegsgefangene im deutschen Reichsgebiet 1941/42, München 1998 (Schriftenreihe der Vierteljahrshefte für Zeitgeschichte; Bd. 77).
171 StadtA Hagen, Quellensammlung Zwangsarbeit: BA-MA, RW 21-14/7, Bl. 35, Kriegstagebuch des Rüstungskommandos Dortmund, 2.Quartal 1941.

und Asiaten von der Zwangsarbeit ausgeschlossen, doch drohten erhebliche Gefahren durch Kontakte mit der deutschen Zivilbevölkerung. Die sowjetischen Kriegsgefangenen seien mit „mit äußerster Wachsamkeit, größter Vorsicht und schärfstem Mißtrauen" zu behandeln. Weiterhin appellierte das Wehrkreiskommando „im Interesse deutschen Lebens und deutschen Gutes", die Zusammenarbeit zwischen der Verwaltung, den Kommandanten der Stammlager und den örtlichen Polizeibehörden zu verbessern.[172] Die strengen Beschäftigungsauflagen machten einen problemlosen Einsatz im Sinne der Unternehmer nahezu unmöglich. Erst durch Intervention von Seiten der Wirtschaft in Anbetracht des weiterhin hohen Arbeitskräftebedarfs wurden die Auflagen leicht gelokkert.[173] Trotz dieser Entscheidung erfüllten sich die Erwartungen der Betriebe nicht und die mit der Lenkung der Kriegswirtschaft betrauten Behörden stellten einige Monate später fest:

> „Die Hoffnung auf entsprechende Zuweisung erfüllt sich jedoch nur zu einem ganz geringen Teil. Die Abgänge durch Krankheit, Seuchen usw. waren derart groß, dass (sic!) nur noch ein geringer Teil Kriegsgefangener zum Einsatz zu Verfügung blieb."[174]

Nur knapp 10.000 der „ausgehungerten" und „abgerissenen" Rotarmisten kamen bis zum Herbst 1941 im Wehrkreis VI zum Zwangseinsatz.[175]

Im Verlauf des Jahres 1941 nahm der Umfang der Zwangsarbeit in Hagen weiter zu, und bis Jahresende verdoppelte sich in etwa die Zahl der Kriegsgefangenen und Zivilarbeiter.[176] Neben französischen Kriegsgefangenen und den bereits erwähnten Niederländern, kamen vermehrt Arbeiter aus dem verbündeten Italien nach Hagen.[177] Zu den ersten sowjetischen Kriegsgefangenen – rund 250 Mann, die überwiegend im

---

172 StadtA Halver, K III/9, 1940-1943, Bd.1: Wehrkreiskommando VI (Berichterstatter Hptm. Dr. Sirringhaus) an den Reg. Präs. Arnsberg, betr. Kriegsgefangene im Wehrkreis VI, v. 24.10.1941.
173 Herbert, Fremdarbeiter, S. 160.
174 StadtA Hagen, Quellensammlung Zwangsarbeit: BA-MA, RW 20-6/16, Bl.63, Kriegstagebuch Rüstungsinspektion VI Münster, 2. Quartal 1942.
175 StadtA Halver, K III/9, 1940-1943, Bd.1: Wehrkreiskommando VI (Berichterstatter Hptm. Dr. Sirringhaus) an den Reg. Präs. Arnsberg, betr. Kriegsgefangene im Wehrkreis VI, v. 24.10.1941.
176 Vgl. Tabelle 2.
177 Vgl. Tabelle 2.

Steinbruch der Hohenlimburger Kalkwerke arbeiten mußten[178] – kamen auf Bestreben der städtischen Forstverwaltung auch jugoslawische Kriegsgefangene zum Einsatz.[179]

Mit dem Ende der Blitzkriegstrategie im Winter 1941/42 erfolgte auch ein Paradigmenwechsel in der deutschen Kriegswirtschaft. Am 10. Januar 1942 wurde durch den „Führerbefehl Rüstung" die Grundlage für eine umfassende Neustrukturierung der deutschen Rüstungswirtschaft gelegt.[180] Recht schnell wurde deutlich, daß das benötige Niveau der Rüstungsproduktion nur durch den massiven Einsatz ausländischer Arbeitskräfte erreicht werden konnte. Weitere Einberufungen dringend benötigter Arbeiter zur Wehrmacht forcierten den Kräftemangel weiter. Zur Koordinierung und Zentralisierung der erforderlichen Maßnahmen ernannte Hitler den thüringischen Gauleiter Fritz Sauckel[181] zum neuen „Generalbevollmächtigten für den Arbeitseinsatz" (GBA). Durch die Einsetzung des mit weitreichenden Kompetenzen ausgestatteten Sauckel wurden breit angelegte „Anwerbungs-Kampagnen" zur Rekrutierung und Deportation sowjetischer Zivilarbeiter möglich. Die seit dem Frühjahr 1942 verstärkt stattfindenden Massentransporte der „Ost-Arbeiter" ins Reich stellten die nationalsozialistische Führung ein weiteres Mal mehr vor ideologische Probleme. Die „Ostarbeitererlasse" des RSHA sollten neben den „volkstumspolitischen" Befürchtungen bei der massenhaften Beschäftigung von Russen auch Sicherheitsaspekte berücksichtigen, die aus Sicht der Polizeiorgane durch Spionage, Sabotage und organisierten Widerstand der ausländischen Zwangsarbeiter bedroht wurden.[182]

---

178 StadtA Hagen, Bestand Hagen I, Akte I und II: Statistik über diejenigen ausländischen zivilen Arbeitskräfte, die in der Zeit vom 03.09.1939 - 08.05.1945 im Stadtgebiet Hagen untergebracht waren, erstellt von der Stadtverwaltung Hagen im Auftrag der Alliierten Militärregierung und des International Tracing Service.

179 StadtA Hagen, Quellensammlung Zwangsarbeit: StA Münster, Regierung Arnsberg III B/3295, Regierungsforstamt Arnsberg an den Regierungspräs.-Forst- und Holzwirtschaftsamt für den Wehrbezirk VI, betr. Zuteilung jugoslawischer Kriegsgefangener, v. 24.4.1941.

180 Barkai, Wirtschaftssystem, S. 220ff.

181 Zur Person Sauckels vgl. Weißbecker, Manfred: „So einen Arbeitseinsatz wie in Deutschland gibt es nicht noch einmal auf der Welt!". Fritz Sauckel – Generalbevollmächtigter für den Arbeitseinsatz, in: Winkler, Ulrike (Hrsg.): Stiften gehen. NS-Zwangsarbeit und Entschädigungsdebatte, Köln 2000, S. 41-66.

182 Herbert, Ausländereinsatz, S. 28.

Der gesteigerte Produktionsbedarf der Wehrmacht durch den anhaltenden Krieg sorgte weiterhin für eine angespannte „Arbeitseinsatzlage". Zwischen Januar und August 1942 wurden im Wehrkreis VI rund 128.000 Arbeiter zu den Waffen gerufen und als Ersatz den Betrieben 161.000 ausländische Arbeitskräfte zugeteilt.[183] Dabei wurden die Arbeitsämter in Westfalen, wohl auf Grund der rüstungswirtschaftlichen Bedeutung, bei der Zuteilung von „Ostarbeitern" bevorzugt.[184] Auch Hagener Firmen griffen im Masseneinsatz auf die sowjetischen Arbeitskräfte zurück, wie die Zahlen verdeutlichen:

Von den über 8000 Menschen die im Jahre 1942 zum „Reichseinsatz" in die Stadt kamen, waren zwei Drittel „Ostarbeiter".[185] Die Kontingente, die bei den verschiedenen Unternehmen in Hagen zum Einsatz kamen, wurden oft geschlossen aus einem Ort rekrutiert.[186] Der quantitative Umfang offenbart deutlich, wie aus der „Notstandsmaßnahme" einer Ausländerbeschäftigung eine essentielle Abhängigkeit der deutschen Kriegswirtschaft erwuchs.

4.3 Der Arbeitseinsatz im „Totalen Krieg"

Die vernichtende Niederlage in Stalingrad Anfang 1943 und die dadurch offenbar gewordene Kriegswende ließ der deutschen Führung und dem größten Teil der Bevölkerung bewußt werden, daß es zunehmend nicht darum ging, den Krieg zu gewinnen, sondern ihn nicht zu verlieren. Die immer größer werdenden Verluste an der Ostfront und der rapide steigende Bedarf der Wehrmacht an Kriegsgütern, erforderte eine drastische Erhöhung der Arbeitsleistung der ausländischen Arbeitskräfte in Deutschland.[187] Schon im Verlauf des Jahres 1942 hatten sich die Klagen des Rüstungskommandos und der Unternehmer in der Hagener Region über den schlechten Gesundheitszustand der sowjetischen Arbeitskräfte gehäuft. Die Ursache der Beschwerden war ökonomisch motiviert, da

---

183 StadtA Hagen, Quellensammlung Zwangsarbeit: BA-MA, RW19/275, Bl. 141-142, Der Reichsminister für Bewaffnung und Munition, betr. Arbeitseinsatz von zivilen ausländischen Arbeitern und Angestellten am 20.8.1942, v. 10.11.1942.
184 StadtA Hagen, Quellensammlung Zwangsarbeit: BA-MA, RW 20-6/5, Bl.36, Kriegstagebuch Rüstungsinspektion VI Münster, 3. Quartal 1942.
185 Vgl. Tabelle 2.
186 StadtA Hagen, Quellensammlung Zwangsarbeit: Hausbuch „Bahnmeisterei Hengstey, Wohnbaracke Seeweg, Russen" S. 19.
187 Herbert, Fremdarbeiter, S. 306.

die geschwächten und oftmals kranken „Russen" nur „eingeschränkt einsetzbar" waren.[188]

Es wurde immer deutlicher, daß eine Produktionssteigerung nur durch Verbesserungen der Lebens- und Arbeitsbedingungen, insbesondere der sowjetischen Arbeitskräfte, zu erreichen war. Gegen den Widerstand der ideologischen „Hardliner" in RSHA und Parteikanzlei wurden durch den GBA sukzessive Aufwertungen in den Behandlungsvorschriften für die „Ostarbeiter" erreicht.[189] Die Zugeständnisse an die kriegswirtschaftlichen Notwendigkeiten geschahen aber ausschließlich unter dem Gesichtspunkt der Wirtschaftlichkeit, denn die Unterdrückung hielt weiter an. So wurde die Abschiebepraxis von „schwangere[n], aber sonst einsatzfähige[n] Ostarbeiterinnen"[190] aufgehoben, sie durften nicht länger in die Heimat zurückkehren, sondern mußten im „Arbeitseinsatz" verbleiben. Für die Verfolgung von Straftaten durch Polen und „Ostarbeitern" blieb das RSHA zuständig, das sich in einem Streit über die Zuständigkeit mit dem Justizministerium behaupten konnte.[191] Ungeachtet der Bestrebungen, die Ausländerbehandlung an ökonomische Grundsätze zu koppeln, wurden die Rekrutierungen und Deportationen von Zivilarbeitern in ganz Europa durch immer brutalere Methoden noch ausgeweitet. Auch an der quantitativen Entwicklung in Hagen wird eine Radikalisierung der Anwerbemethoden deutlich. So sank infolge der militärischen Rückschläge die Anzahl der nach Hagen deportierten sowjetischen Arbeiter, deren Zahl durch die Arbeitsaufnahmen von „Westarbeitern", hier besonders Franzosen und Niederländer, übertroffen wurde.[192] Die Zahl der Zivilarbeiter stieg im Verlauf des Jahres 1943 stark an. Wurden am 31. Januar 1943 noch 6.157 ausländische Arbeitskräfte verzeichnet, so hatte sich ihre Zahl bis zum 15. Dezember des Jahres mit 11.116 fast verdoppelt.[193] Diese massive Zufuhr von ausländischen Arbeitskräften läßt sich durch die steigende Relevanz des Rüstungsstandortes Hagen erklären. Die Produktionsabläufe der Hagener Betriebe wurden bis zum Herbst 1943 nicht durch die zunehmenden alliierten Bombenangriffen beeinträchtigt. Insbesondere die AFA, deren Produkti-

---

188   StadtA Hagen, Quellensammlung Zwangsarbeit: BA-MA, RW 21-14/12, Bl.68, Kriegstagebuch des Rüstungskommandos Dortmund, 4.Quartal 1942.
189   Herbert, Ausländereinsatz, S. 35.
190   StadtA Halver, K III/9, 1943-1945, Bd.9: Rundschreiben der Geheimen Staatspolizei-Staatspolizeistelle Dortmund, betr. Rückführung von schwangeren Ostarbeiterinnen, v. 30.3.1943.
191   Herbert, Fremdarbeiter, S. 284ff.
192   Vgl. Tabelle 2.
193   StadtA Hagen, Stadtkundliche Bibliothek: Dienstliche Mitteilungen für die Stadtverwaltung Hagen, Jg. 1943-1944, Nr.30 v. 15.12.1943.

on durch den Personalmangel zeitweise eingeschränkt wurde[194], nahm hier eine wichtige Position unter den Hagener Rüstungsbetrieben ein.

Parallel zu den Bemühungen des GBA um eine Optimierung der Arbeitsleistung, verschlechterten sich die Lebens- und Arbeitsbedingungen der Zwangsarbeiter im Verlauf des Jahres 1944 rapide. Seit Beginn des Jahres waren die ausländischen Arbeitskräfte schwersten Belastungen durch die allgemeinen kriegsbedingten Versorgungsmängel auf Grund der aus Sicht des NS-Regimes ungünstigen militärischen Entwicklung ausgesetzt. Diese wirkte sich zusammen mit den massiven Luftkriegsschäden überproportional auf die Lebensumstände der Ausländer aus.[195] Trotz der militärischen Rückschläge kamen weiterhin Zwangsarbeiter in das „Altreich", die beim Rückzug der deutschen Armee in ganzen Familien aus den „Räumungsgebieten" deportiert wurden. Als Auswahlkriterium galt hier, daß mindestens die Hälfte der Familienmitglieder arbeitsfähig sein mußte, wobei ein Mindestalter von 10 Jahren angesetzt wurde.[196]

Auch in Hagen kamen in den letzten Kriegsmonaten noch zahlreiche Menschen zum Einsatz. Diese wurden nicht nur aus den geräumten Gebieten des östlichen Kriegsschauplatzes verschleppt. So wurde noch im Dezember 1944 eine Gruppe von niederländischen Zivilarbeitern nach Hagen deportiert, um für die Reichsbahn Instandsetzungsarbeiten durchzuführen.[197] Nach der blutigen Niederschlagung des Warschauer Aufstandes im Herbst 1944 wurden die Überlebenden deportiert, wobei auch eine große Zahl der Polen nach Hagen gelangte und hier den Betrieben zugeteilt wurde.[198] Eine weitere Gruppe, die massiert erst als letztes Arbeitskräftereservoir in Hagen zum Einsatz kam, waren die italienischen Militärinternierten. Der größte Teil kam ebenfalls erst in der zweiten Jahreshälfte nach Hagen.[199] Fast 8.000 Zwangsarbeiter kamen 1944 nach Hagen, ihre absolute Zahl stagnierte aber seit Januar des Jahres auf Grund der großen Fluktuation (Flucht, Zuweisungen in andere

---

194   StadtA Hagen, Quellensammlung Zwangsarbeit: BA-MA, RW 21-14/14, Bl. 71, Kriegstagebuch des Rüstungskommandos Dortmund, 2.Quartal 1943.
195   Naasner, Machtzentren, S. 141.
196   StadtA Halver, K III/9, 1943-1945, Bd.9: Rundschreiben der Geheimen Staatspolizei-Staatspolizeistelle Dortmund, betr. Hereinnahme von Ostarbeiterfamilien aus den Räumungsgebieten, v. 29.11.1943.
197   StadtA Hagen, Quellensammlung Zwangsarbeit: Hausbuch "Gasstr. 1, Reichsbahnbetriebswerk Hagen Eckesey".
198   StadtA Hagen, Quellensammlung Zwangsarbeit: Hausbuch "Grüntaler-Str. 6a, Russenlager"; Hausbuch "Reichsbahn Wohnheim".
199   StadtA Hagen, Quellensammlung Zwangsarbeit: Hausbuch "Spiekerstr. 7, Schmidag Werk Lange".

Städte). Im November 1944 schließlich war jeder fünfte in der Hagener Industrie beschäftigte Arbeiter ein Ausländer. Erst durch die Deportationen in der letzten Kriegsphase erhöhte sich die Zahl der Zivilarbeiter in Hagen von rund 11.660 im September 1944 auf ca. 12.500 im Dezember des Jahres.[200] Am 15. Februar betreute das Arbeitsamt Hagen, das für den Stadtkreis Hagen und den Ennepe-Ruhr-Kreis zuständig war, 19.460 Zivilarbeiter und 5.625 Kriegsgefangene.[201] Etwa 80% dieser Arbeitskräfte, also rund 20.000 Ausländer, waren in Hagen eingesetzt. Diese drastische Erhöhung in den letzten Kriegsmonaten ist durch die massenhafte „Rückführung" der „Fremdarbeiter" vor den anrückenden alliierten Truppen zu erklären. Die deutschen Behörden versuchten seit Ende 1944 in großem Umfang, die Ausländer von den näherrückenden Frontgebieten im Westen weg in Richtung Osten zu verlagern. Dabei deutet vieles darauf hin, daß Hagen als eine Art „Auffangbecken" für die aus dem Ruhrgebiet strömenden ausländischen Arbeitskräfte genutzt wurde.[202]

Die Zahlen können nicht darüber hinwegtäuschen, daß das System des nationalsozialistischen Arbeitseinsatzes seit Mitte des Jahres immer mehr kollabierte. Je näher die Front rückte, um so weniger konnte die Disziplin in den Lagern aufrecht erhalten werden. Luftangriffe und andere Gelegenheiten wurden zur Flucht genutzt, der Widerstand wuchs. Die Behörden des in Agonie liegenden „Dritten Reichs" reagierten im Gegenzug mit radikalen Polizeierlassen und brutaler Gewaltanwendung, die seit Januar 1945 zunehmend eskalierte.[203] Die rund 33.000 Menschen, die in Hagen von 1939-1945 arbeiten mußten, kamen aus 20 verschiedenen Ländern. Die größte Gruppe unter ihnen bildeten die „Ostarbeiter", gefolgt von Franzosen und polnischen Staatsangehörigen.

---

200 StadtA Hagen, Stadtkundliche Bibliothek: Dienstliche Mitteilungen für die Stadtverwaltung Hagen, Jg. 1943-1944, Februar 1943 bis Dezember 1944.
201 StadtA Hagen, Bestand Hagen I, Akte 7563: Bericht des Arbeitsamtes Hagen an den Oberbürgermeister der Stadt Hagen, v. 22.8.1945. Dabei ist anzumerken, daß es sich hier bei nur um die zu diesem Zeitpunkt in Hagen befindlichen Ausländer handelt. Die damals eigenständige Stadt Hohenlimburg ist in dieser Quelle nicht erfaßt.
202 Herbert, Fremdarbeiter, S. 394.
203 Vgl. Kap. 9 in dieser Arbeit.

Tabelle 3: Altersverteilung[204]

Altersklasse	Anzahl	Verteilung in %
0-6 Jahre	436	1.63 %
7-15 Jahre	285	1.07 %
16-21 Jahre	6.190	6.44 %
22-39 Jahre	15.541	58.13 %
40-60 Jahre	4.486	16.78 %
Über 60 Jahre	195	0.73 %
Gesamtzahl mit bekanntem Alter	26.735	100 %

Die Altersverteilung zeigt, daß die deutschen Behörden besonders Menschen in ihren produktivsten Lebensjahren zum „Reichseinsatz" nach Hagen brachten. Der Anteil an Kindern und Jugendlichen erklärt sich im wesentlichen durch die Deportation ganzer Familien. Innerhalb der einzelnen Nationalitäten schwanke die Altersverteilung teilweise erheblich. So wurden insbesondere aus den osteuropäischen Ländern vielfach auch jüngere Arbeitskräfte deportiert. Auch die Geschlechterverteilung variierte je nach Nationalität erheblich. So war z.B. unter den Franzosen auf Grund des großen Anteils an Kriegsgefangenen der Anteil an männlichen Arbeitskräften wesentlich höher als der Durchschnitt. In Hagen waren von den bekannten Zwangarbeitern[205] mit bekanntem Geschlecht 78% männlich und 22% weiblich. Der Anteil an Kriegsgefangenen[206] in Hagen lag bei 36%, wobei die Entlassungen in den Zivilstatus nicht berücksichtigt sind. Besonders in der zweiten Kriegshälfte dürfte der Anteil deutlich geringer gewesen sein.

---

204 Auf Grundlage von 26.735 Personen mit bekanntem Geburtsjahr. Als Bezugszeitpunkt wurde das Jahr des Beschäftigungsbeginnes in Hagen genommen. Bei Personen ohne bekannten Beschäftigungsbeginn wurde das Jahr 1945 zu Grunde gelegt.
205 Bei 25.213 Personen mit bekanntem Geschlecht.
206 Auf Grundlage von 16.151 Personen mit bekanntem Status.

5. Die Rolle der Kommune im „Arbeitseinsatz"

5.1 Zwangsarbeit im Dienste der Öffentlichkeit

Die Stadt Hagen partizipierte auf verschiedenen Ebenen am Zwangsarbeitereinsatz und trat als öffentliche Institution in verschiedenen Funktionen in Erscheinung. Wie bereits beschrieben, gingen die ersten Beschäftigungen von Zwangsarbeitern auf Initiative der Kommune zurück, die ab Herbst 1939 Kriegsgefangene einsetzte. Auch in der Forstwirtschaft profitierte die personell ausgezehrte Kommune verstärkt vom Einsatz der Kriegsgefangenen,[207] wobei die Stadtverwaltung vergleichsweise früh auf ihre Arbeitskraft zurückgriff.[208] Durch die Möglichkeit der Nutzung billiger Arbeitskraft gefangener Soldaten sah die Stadt ihre Chance, länger aufgeschobene öffentliche Projekte zu verwirklichen. Aufschlußreich in diesem Zusammenhang ist, daß bei der Anforderung von Arbeitskräften die Anlegung von Sportplätzen oder die Instandsetzung diverser Spielplätze Priorität vor luftschutzbaulichen Maßnahmen hatte.[209] Das von Hitler im Oktober 1940 beschlossene „Luftschutz-Führerbauprogramm" zur Errichtung von Hochbunkern und Luftschutzräumen führte zur weiteren Beschäftigung von Kriegsgefangenen seitens der Gemeinde. Die Koordinierung dieser rund 200 Gefangenen erfolgte durch eine Abteilung des Luftschutz-Bauamtes (Amt 49/LS-Bau) bei der Stadtverwaltung Hagen. Das im Sommer 1941 aus französischen Kriegsgefangenen aufgestellte Kriegsgefangenen-Bau- und Arbeitsbataillon 37 kooperierte eng mit der städtischen Verwaltung und wurde vorrangig für Aufgaben des Luftschutzes und der Trümmerbeseitigung eingesetzt.[210]

Neben dem Einsatz der Kriegsgefangenen wurden durch die Stadtverwaltung auch ausländische Zivilarbeiter beschäftigt. Einhergehend mit

---

[207] StadtA Hagen, Bestand Hagen I: Akte 10607, Schreiben des OB an die Forstverwaltung, betr. Einsatz von russischen Kriegsgefangenen zur Erfüllung des Holzeinschlages im städtischen Forstbetrieb, v. 21.1.1943.

[208] Die meisten Kommunen beschäftigten erst ab dem Frühjahr 1940 Kriegsgefangene, vgl. Fings, Karola: Kommunen und Zwangsarbeit, in: Winkler, Ulrike (Hrsg.): Stiften gehen. NS-Zwangsarbeit und Entschädigungsdebatte, Köln 2000, S. 108-129, hier S. 116.

[209] StadtA Hagen: Stadtkundliche Bibliothek, Jg. 1940: Dienstliche Mitteilungen für die Stadtverwaltung Hagen Nr. 13 v. 6.6.1940, Schreiben des Kulturdezernenten der Stadt Hagen an den Oberbürgermeister v. 7.6. 1940, betr. Unterbringung von Kriegsgefangenen.

[210] Vgl. Hobein, Zwangsarbeit, S. 25.

den verstärkten Deportationen russischer Zivilarbeiter ins Deutsche Reich, zeigten sich die Kommunen im Rüstungskommando Dortmund

„[...] eifrig bemüht, Zivilarbeiter überwiesen zu bekommen und, soweit noch nicht geschehen, Unterkunftsmöglichkeiten zu schaffen."[211]

Das Bestreben der Stadtverwaltung nach der Zuweisung von sowjetischen Zivilarbeitern zeigt, daß der kriegsbedingte Mangel an Arbeitskräften auch vor den Ämtern und Dienststellen der Kommune nicht Halt machte. Die Stadt konnte im Verlauf des Krieges ihre öffentlichen Aufgaben zunehmend nur noch mit Hilfe des Einsatzes von Zwangsarbeitern wahrnehmen. So wurden ausländische Zivilarbeiter in der Müllabfuhr[212] oder im Reinigungsamt eingesetzt.[213] Im „Sicherheits- und Hilfsdienst" (SHD), eine Abteilung der städtischen Luftschutzpolizei, mußten fast drei Dutzend Zwangsarbeiter arbeiten. Auch bei der Bewältigung der immer umfangreicheren Aufgaben der kommunalen Behörden an der „Heimatfront" griff die Stadt auf Zwangsarbeiter zurück. So wurden z.B. zur Beseitigung von Schäden der alliierten Bombardements Zivilarbeiter und Kriegsgefangenen herangezogen. Dabei beschränkte sich der Zugriff der öffentlichen Behörden nicht nur auf die bei der Stadtverwaltung beschäftigten ausländischen Arbeitskräfte. Der Oberbürgermeister, als Befehlshaber der Ordnungspolizei, forderte nach Luftangriffen Konzentrationslager-Häftlinge an, die in den SS-Baubrigaden in Form von sogenannten „Bombensprengkommandos" eingesetzt wurden. Die SS-Baubrigade III, mit Häftlingen aus dem Konzentrationslager Buchenwald, wurde vom 1. März 1943 bis 30. September 1943 in Hagen zur Entschärfung von Blindgängern und zur Durchführung von Aufräumarbeiten eingesetzt.[214] Durch die verstärkten Rüstungsanstrengungen seit dem Sommer 1943 wurde ein Großteil der Ressourcen aus dem öffentlichen Sektor in die Industrie verlagert. Dies führte dazu, daß die ausländischen Arbeitskräfte der ortsansässigen Industrie vermehrt zu

---

211 StadtA Hagen, Quellensammlung Zwangsarbeit: BA-MA, RW 21-14/9, Bl. 14, Kriegstagebuch des Rüstungskommandos Dortmund, 1.Quartal 1942.
212 StadtA Hagen, Bestand Hagen I, Akte 8362: Unfallanzeige der Stadtverwaltung Hagen an den Gemeindeunfallversicherungsverband der Provinz Westfalen und der Länder Lippe und Schaumburg Lippe, v. 25.1.1944.
213 StadtA Hagen, Quellensammlung Zwangsarbeit, Konvolut Arbeitsbücher: Ersatzkarte für das Arbeitsbuch eines französischen Arbeiters, der seit dem 17.5.1943 im Reinigungsamt der Stadtverwaltung Hagen eingesetzt wurde, in: URL: http://www.hco.hagen.de/zwangsarbeit/edition/stadt-ab1.html, (Stand: 22.11.2002).
214 StadtA Hagen, Quellensammlung Zwangsarbeit: BA, B, NS 19/14, Bl. 29, Einsatzorte der III. SS-Baubrigade in der Zeit vom 1.3.1943 – 30.9.1943.

Bergungs- und Aufräumungsarbeiten durch die Stadtverwaltung eingesetzt wurden. Bei einer „Großräumaktion" nach dem verheerenden Bombenangriff vom 2. Dezember 1944 kamen fast 3.000 Ausländer zum Einsatz.[215]

Auch die Hagener Stadtwerke als kommunales Versorgungsunternehmen beschäftigten Zwangsarbeiter. Die Lieferung von Energie und Wasser an die Hagener Bevölkerung wäre ohne den Einsatz der „Fremdarbeiter" nur unter erheblichen Schwierigkeiten möglich gewesen. So stellten die ausländischen Arbeitskräfte 1943 bei den Stadtwerken Hagen rund 20% der Belegschaft.[216] Die meisten dieser Arbeitskräfte waren in einem Lager im Hagener Norden untergebracht, wo sie für die Unterhaltung und den Betrieb von wasserwirtschaftlichen Anlagen mit überregionaler Bedeutung am Hengsteysee eingesetzt wurden.[217] Überdies kam es auch zu einer Kooperation mit der Organisation Todt (OT), benannt nach dem Generalinspekteur für das Straßenwesen, Dipl. Ing. Fritz Todt, die zwei Lager für den Bau der Reichsautobahn im Norden der Stadt unterhielt. Nachdem durch zunehmende Materialengpässe und der Verstärkung der OT-Einsätze in den von Deutschland besetzten Gebieten der Reichsautobahnbau an Bedeutung verlor, dienten die Baracken als Quartier für Zwangsarbeiter und Kriegsgefangene. Von diesen Lagern aus erfolgte seit dem Sommer 1943 der Einsatz in der Rüstungsindustrie und bei Baumaßnahmen in der Region.[218] Im Zusammenwirken mit den städtischen Betrieben und Ämtern half die OT als militärisch organisierte Bautruppe bei der Schadensbeseitigung und dem Bau von Versorgungsleitungen nach dem Luftangriff vom 1. Oktober 1943.[219] Unter anderem wurden über 1.000 ausländische Arbeitskräfte unter Aufsicht der OT im schwer beschädigten AFA-Werk in Hagen eingesetzt, und auch andere Firmen wurden durch die Zwangsarbeiter der Organisation Todt bei der Behebung der Schäden und der Errichtung

---

215 StadtA Hagen, Bestand Hagen I, Akte 7745: Meldung der Gaubefehlstelle Harkortberg an das Luftschutzamt der Stadt Hagen v. 7.12.1944.
216 StadtA Hagen, Quellensammlung Zwangsarbeit: Ordner Prüfungsberichte betr. Jahresabschluß der Wirtschaftsprüfer bei den Hagener Stadtwerken 1938-1945. Bericht über die Abschlußprüfung bei den Stadtwerken Hagen für das Wirtschaftsjahr 1943 v. 26.8.1944, S. 14.
217 Hobein, Zwangsarbeit, S. 26.
218 Zum Einsatz der OT in der Region, vgl. Blank, Ralf: Arbeiten für die Kriegsrüstung im Zweiten Weltkrieg. Zwangsarbeit in Hagen 1939-1945. Einsatz der Organisation Todt, 2001, in: URL: http://www.historisches-centrum/zwangsarbeit/todt1.html, (Stand: 16.11.2002).
219 StadtA Hagen, Quellensammlung Zwangsarbeit: BA-MA, RW 21-14/16, Bl. 34f, Kriegstagebuch des Rüstungskommandos Dortmund, 4.Quartal 1943.

von neuen Baracken unterstützt.[220] In der Endphase des Krieges stellte die Stadt Hagen der - für ihren unmenschlichen Einsatz berüchtigten - Organisation ein Grundstück zur Verfügung,[221] auf dem Unterkünfte für die Zwangsarbeiter der, mit der Instandsetzung der zerstörten Eisenbahntrassen betrauten, „Sonderbauleitung Hagen" errichtet wurden. Die Stadtverwaltung Hohenlimburg beschäftigte ebenfalls ausländische Kriegsgefangene und Zivilarbeiter in großer Zahl. Diese Arbeitskräfte wurden in der Forstwirtschaft und bei städtischen Baumaßnahmen beschäftigt und waren in eigenen Lagern der Verwaltung einquartiert.[222]

5.2 Die indirekte Beteiligung der Stadtverwaltung

Neben diesen direkten Beteiligungen durch den Einsatz von „Fremdarbeitern" war die Stadtverwaltung Hagen darüber hinaus noch an verschiedenen Stellen indirekt in den „Ausländereinsatz" involviert. Sie übernahm administrative Aufgaben, deren Erfüllung unabdingbare Vorraussetzung für die Zuweisung von Arbeitskräften war: die Bereitstellung von Unterkünften. Durch die Vermietung von Gebäuden und Grundstücken an die Firmen zur Errichtung von Lagerstätten, erzielte die Stadt nicht unwesentliche Mieteinnahmen.[223] Aber auch bei der Durchführung von „Entlausungsmaßnahmen" an neu eingetroffenen Zivilarbeitern erfüllte die Stadtverwaltung eine wichtige Funktion, indem sie die städtische Badeanstalt zur Verfügung stellte.[224] Die Kommune war zu diesen Leistungen nicht verpflichtet, da es die Aufgabe des

---

220 StadtA Hagen, Quellensammlung Zwangsarbeit: BA-MA, RW 21-14/17, Bl. 88, Kriegstagebuch des Rüstungskommandos Dortmund, Bericht über die Tätigkeit des Meldekopfes Hagen in der Zeit vom 2.10.1943 - 11.10.1943, 1.Quartal 1944.
221 StadtA Hagen, Bestand Hagen I, Akte 6244: Schreiben der Sonderbauleitung Hagen an den OB Hagen, betr. Genehmigung für die Benutzung eines Grundstückes am Loxbaum, v. 23.3.1945.
222 StadtA Hagen, Bestand Hohenlimburg, Kasten 412: Akte Firmen und Ausländer, Aufstellung der Stadtverwaltung Hohenlimburg über die in Hohenlimburg bestehenden Ausländerlager v. Mai 1945.
223 StadtA Hagen, Bestand Hagen I, Akte 10341: Mietvertrag zwischen der Stadtgemeinde Hagen und der Accumulatorenfabrik A.G., v. 25.6.1942. In diesem Bestand finden sich noch eine Reihe weiterer Verträge über die Verpachtung von Räumlichkeiten (Klassenräume bzw. Schulgebäude) und Grundstücken zwischen der Stadt Hagen und diversen Firmen.
224 StadtA Halver, K III/9, 1942-1945, Bd.8: Aktennotiz Stadtverwaltung Halver, betr. Einsatz von ausländischen Arbeitskräften, v. 12.6.1942.

Betriebes war, für die Unterbringung der Zwangsarbeiter zu sorgen.[225] Über die Motive für dieses Engagement liegen keine direkten Anhaltspunkte vor, es ist aber recht wahrscheinlich, daß die Stadt damit die Hoffnung verband, den Anteil der ausländischen Arbeitskräfte in den städtischen Ämtern zu erhöhen, da dadurch mit einer insgesamt höhern Arbeitskräftezuteilung gerechnet wurde. Ein anderer Grund - neben dem rein finanziellen - war sicherlich das Interesse an einer guten Zusammenarbeit mit den Firmen. Dieses erschien der Stadt nicht zuletzt auch wichtig, um den immer weiter ausufernden „Lagerkosmos" innerhalb der Stadt kanalisieren zu können. In einem Interessenkonflikt mit den Großunternehmen hätte sicherlich die Möglichkeit bestanden zu unterliegen, besonders, da im Verlauf des Krieges den rüstungswirtschaftlichen Interessen der Firmen Vorzug gegeben wurde.[226]

Die Zusammenarbeit der Kommunalverwaltung beschränkte sich jedoch nicht nur auf die Unternehmen. So gab es eine intensive Kooperation seitens der Stadtverwaltung mit der Gestapo und der Außenstelle des Sicherheitsdienstes (SD). Auf persönliche Initiative des Oberbürgermeisters Heinrich Vetter[227] wurde bei der Firma Feuerwehrgeräte Meyer ein „Erweitertes Polizeigefängnis" bzw. „Arbeitserziehungslager" (AEL) eingerichtet.[228] Dieses unterstand der städtischen Polizei und damit der Kommunalaufsicht des Hagener Oberbürgermeisters.[229]

Auch in anderen Belangen des „Fremdarbeitereinsatzes" zeigte die Stadt Aktivität, so bei der Einrichtung von Bordellen für die „fremdvölkischen Arbeitskräfte". Aus Gründen der „Rassenhygiene" sollte das „triebhafte Verhalten" der männlichen Ausländer durch diese Bordelle kanalisiert werden, um sexuellen Kontakt zu deutschen Frauen zu vermeiden. Für

---

225 Vgl. Schäfer, Annette: Zwangsarbeit in den Kommunen. Ausländereinsatz in Württemberg 1939, in: Vierteljahrshefte für Zeitgeschichte 49 (2001), S. 53 – 75, hier S. 61 (im folg.zit.: Schäfer, Kommunen).
226 Das zeigt das Beispiel der Stadt Stuttgart, vgl. Vgl. Schäfer, Kommunen S. 65ff.
227 BA Koblenz, Z42 IV/6871, fol. 20r, Protokoll der Vernehmung des Hagener Oberbürgermeisters und Stellv. Gauleiters Heinrich Vetter durch den Obersten Ankläger beim Spruchgericht Hiddesen, v. 26.8.1947, zitiert nach: Blank, Ralf: Arbeiten für die Kriegsrüstung im Zweiten Weltkrieg. Zwangsarbeit in Hagen 1939-1945. Meyer Hagen GmbH, in: URL: http://www.historisches-centrum.de/zwangsarbeit/m-3.html, (Stand: 22.11.2002).
228 Vgl. Kapitel 8 in dieser Arbeit.
229 BA Koblenz, Z42 IV/6871, fol.29r, Erklärung der Kriminalpolizei Hagen an den Obersten Ankläger des Spruchgerichts Hiddesen, v. 24.6.1947, zitiert nach: Blank, Ralf: Arbeiten für die Kriegsrüstung im Zweiten Weltkrieg. Zwangsarbeit in Hagen 1939-1945. Meyer Hagen GmbH, in: URL: http://www.historisches-centrum.de/zwangsarbeit/m-3.html, Stand: 22.11.2002).

5. Die Rolle der Kommune im „Arbeitseinsatz"

Hagen läßt sich ab dem Herbst 1941 ein solches Etablissement nachweisen, dessen Träger die Stadtverwaltung war. Bei einer Sitzung der Sachbearbeiter der Stadtverwaltungen im Regierungsbezirks Arnsberg am 13. Oktober 1941, plädierte der Hagener Vertreter als einziger für eine Plazierung der Bordelle im Stadtinneren.[230]

Die Rolle der Stadtverwaltung Hagen wurde von einer Mischung aus pragmatischem Interessenkalkül und rassenideologischen Überlegungen bestimmt. Im Gegensatz zu anderen Städten[231] sind von der Hagener Verwaltung keine Einwände gegen die Errichtung der Bordelle oder Arbeitserziehungslager bekannt, im Gegenteil: die Stadt war tief, insbesondere durch die Figur des Oberbürgermeisters Vetter, in die Vorgänge verstrickt. Ebenso förderte sie maßgeblich den Einsatz von ausländischen Arbeitskräften, in dem sie bis zum Herbst 1940 als einer der Hauptträger des „Ausländereinsatzes" auftrat und gleichzeitig die örtlichen Umstände entsprechend mitbestimmte. Der Arbeitseinsatz von Zwangsarbeitern im Dienste der Gemeinde war rein quantitativ recht gering, trotzdem war die Stadt bei der Erfüllung ihrer öffentlichen Aufgaben auf ihre Arbeitskraft angewiesen.

---

230 Hobein, Zwangsarbeit, S. 27.
231 Vgl. Schäfer, Kommunen, S. 73.

6. Exkurs: Rassismus und Diskriminierung

6.1 Rassistische Hierarchie der Ausländergruppen

Der Arbeitseinsatz ausländischer Arbeitskräfte im Deutschen Reich während des Zweiten Weltkrieges wurde für die Nationalsozialisten zum Exerzierfeld ihrer rassistischen Weltanschauung. In der Behandlung der „fremdvölkischen Arbeitskräfte" spiegelten sich die Rangstufen der NS-Rassenlehre wider, nach denen die Menschen in unterschiedliche Wertigkeiten, nach ihrer „Volkstumszugehörigkeit" skaliert wurden. Zugleich zeigt sich darin auch die Vorstellung der Nationalsozialisten über eine wirtschaftliche Nachkriegsordnung in Europa, in der die dezimierten, kolonialen „Hilfsvölker" in Osteuropa für die deutschen Interessen ausgenutzt werden sollten. Diese abstruse Kategorisierung wirkte sich entscheidend auf das Alltagsleben der in Deutschland eingesetzten Zwangsarbeiter aus, da die rassistische Hierarchie ein elementarer Bestandteil der alltäglichen Diskriminierung war.

An oberster Stelle standen hier die „germanischen Völker", zu denen neben den Deutschen selbst auch die Skandinavier, Engländer, Niederländer, Belgier und Franzosen gezählt wurden. Nachgeordnet wurden die Bewohner der von Deutschland abhängigen oder verbündeten Länder wie Italien oder Rumänien. An unterster Stelle der Rassenhierarchie standen Polen und die Arbeitskräfte aus der Sowjetunion.[232] Eine eigene Kategorie unterhalb dieser „völkischen Rangfolge" bildeten die Juden und die in der Rüstungsindustrie beschäftigten KZ-Häftlinge. Das Beispiel der italienischen Militärinternierten – de facto Kriegsgefangene ohne den Schutz der Genfer Konvention – zeigt, wie rigoros sich die Bedingungen ändern konnten, wenn politische Erwägungen wegfielen und nur noch die rassistische Bewertung übrig blieb. Nach dem Abfall Italiens als Achsenmacht, verschlechterten sich die Verhältnisse für die Italiener in Deutschland rapide, und sie sanken auf den untersten Rang der rassistischen Werteskala, vergleichbar mit den „Ostarbeitern".[233] Ebenso wurde gegen die zivilen italienischen Arbeiter nach der Kapitulation ihres Landes harsch vorgegangen, in einem Fernspruch der Staatspolizei Dortmund wird für „nachteilig in Erscheinung getretene italienische Ar-

---

232 Herbert, Ausländerpolitik, S. 154.
233 Schreiber, Gerhard: Die italienischen Militärinternierten im deutschen Machtbereich 1943 bis 1945. Verraten – Verachtet – Vergessen, München 1990, S. 444ff. (Beiträge zur Militärgeschichte; Bd. 28).

beitskräfte" die Überstellung in ein Arbeitserziehungslager oder KZ angeordnet.[234]

Die zur Arbeit im Deutschen Reich angeworbenen „Westarbeiter", also Belgier, Niederländer, Dänen und Franzosen, unterlagen de jure gleichberechtigt dem deutschen Arbeitsrecht. Ihre Behandlung unterlag im allgemeinen bis zum Frühjahr 1942 keinen besonderen Einschränkungen, so konnten sie z.B. in Einzelunterkünften wohnen. Mit der zunehmenden Radikalisierung der Anwerbemethoden seit dem Frühjahr 1942 gingen verschärfte Maßnahmen bei der Überwachung und Kontrolle der Ausländer einher. Das formell noch existente Prinzip der Gleichstellung wurde in Anbetracht der reellen Verhältnisse rasch zur Makulatur.[235]

Von Beginn an legte das NS-Regime gegenüber den „Ostvölkern" wenig Hemmungen an den Tag. Die Rekrutierungsmethoden und die Erlaßpakete des RSHA spiegelten sehr deutlich die Trennung zwischen den deutschen „Herrenmenschen" und den polnischen und sowjetischen „Arbeitsvölkern" wider. Mit Hilfe der „Polen- und Ostarbeitererlasse" sollte die Unterlegenheit der „slawischen Rasse" zum Ausdruck kommen und eine Gruppe von Arbeitsklaven definiert werden. Albert Hoffmann, Reichsverteidigungskommissar und Gauleiter des Gaus Westfalen-Süd, ließ keine Zweifel über die Stellung der deutschen „Herrenmenschen" aufkommen:

> „Es ist ganz selbstverständlich, daß wir die Herren sind und die ausländischen Arbeitskräfte das zu tun haben, was wir von ihnen verlangen. Gelingt es nicht, mit Strenge das Ziel zu erreichen, so müssen gegebenenfalls drakonische Mittel angewandt werden."[236]

Während die Bestimmungen der Genfer Konvention gegenüber den Kriegsgefangenen im wesentlichen eingehalten wurden, war gegenüber den gefangenen Soldaten aus der Sowjetunion jede Menschlichkeit fallen gelassen worden. Als fadenscheinige Begründung für ihre Vernichtungsabsichten diente der NS-Führung die fehlende Ratifizierung des kriegsvölkerrechtlichen Reglements durch die UdSSR.[237]

---

234 StadtA Halver, K III/9 1943-1945, Bd.9: Abschrift eines Fernspruchs der Stapo Dortmund an die Bürgermeister des Kreises, v. 10.9.1943.
235 Tillmann, Elisabeth: Zum „Reichseinsatz" nach Dortmund. Das Schicksal französischer Zwangsarbeiter im Lager Loh 1943-1945, Dortmund 1995, S. 230.
236 StadtA Herne, Bestand Herne, Kasten 21, Akte LS-Sofortprogramm-Arbeitskräfteeinsatz: Anordnung des Gauleiters Westfalen Süd, Albert Hoffmann, v.19.8.1943, in: URL: http://www.hco.hagen.de/zwangsarbeit/edition/hoff430819.html, (Stand: 21.11.2002).
237 StadtA Hagen, Quellensammlung Zwangsarbeit: BA, B, R 3901/20480, Bl. 249, Der Reichsarbeitsminister an die Präsidenten der LAÄ, betr. Einsatz sowjetischer Kriegsgefangener, v. 16.10.1941.

6.2 Die „Ostarbeitererlasse"

Das nationalsozialistische Modell einer nach rassistischen Kriterien geordneten Rangfolge wurde im „Reichseinsatz" konsequent umgesetzt. Mit einem fast unüberschaubaren Konvolut an Bestimmungen und Erlassen, sollten die einzelnen Gruppen in verschiedenem Ausmaß stigmatisiert werden.

Das größte Dilemma der Ausländerbeschäftigung unter ideologischen Gesichtspunkten war für die Nationalsozialisten die Anwesenheit von zuletzt über 10 Millionen „ausländischen Arbeitskräften", darunter über 4,7 Millionen Menschen aus der Sowjetunion und rund 1,9 Millionen Polen. Ihre Gegenwart bedeutete eine ständige Gefahr für den „rassischen Bestand des deutschen Volkes" und einer „Vermischung mit fremden Blut", wie es die Gestapo formulierte.[238] Um eine den rassistischen Grundsätzen des NS-Regimes entsprechende Behandlung der sowjetischen Arbeitskräfte zu gewährleisten, erließ das RSHA am 2. Februar 1942 die sogenannten „Ostarbeitererlasse".[239] Grundlegend für die Behandlung der „Ostarbeiter" war,

> „[...] das sie jahrzehntelang unter bolschewistischer Herrschaft gestanden haben und systematisch zu Feinden des nationalsozialistischen Deutschlands und der europäischen Kultur erzogen worden sind. [...]"[240]

Dieses Erlaßpaket sollte in umfassenderer und gesteigerter Form, analog zu den „Polenerlassen", den alltäglichen Rassismus und die soziale Diskriminierung gegenüber den sowjetischen „Untermenschen" implementieren. Der wichtigste Punkt war das sogenannte „Umgangsverbot mit Deutschblütigen". Um die „Reinheit des deutschen Blutes" zu schützen, war der sexuelle Kontakt zu deutschen Mädchen und Frauen strengstens verboten. Bei einem Vergehen drohte die Todesstrafe.[241] In einer Fülle

---

238 Vgl. Schmid, Hans-Dieter: Die Geheime Staatspolizei in der Endphase des Krieges, in: Geschichte in Wissenschaft und Unterricht 51 (2000), S. 528-539, hier S. 530 (im folg. zit.: Schmid, Staatspolizei).
239 Herbert, Ausländerpolitik, S. 138.
240 StadtA Halver, K III/9 1940-1943, Bd.1: Rundschreiben der Geheimen Staatspolizei-Staatspolizeistelle Dortmund, betr. Vorschrift für die Behandlung und den Arbeitseinsatz der Arbeitskräfte aus dem altsowjetischen Gebiet, v. 13.6.1942, S. 1.
241 StadtA Halver, K III/9 1940-1943, Bd.1: Schreiben des OKW, betr. Bestrafung Kriegsgefangener wegen verbotenen Umgangs mit deutschen Frauen, v. 5.6.1941.

von Erlassen und Verordnungen wurde der Rassismus gegenüber den fremden Arbeitskräften bis in das kleinste Detail des Alltags reglementiert. In genauen Bestimmungen wurde die Benutzung öffentlicher Verkehrsmittel verboten, ebenso wie die Nutzung von Fahrrädern, Fotoapparaten oder öffentlicher Telefone.[242] Eine seelsorgerische Betreuung der „Ostarbeiter" war nicht erlaubt, und selbst über den Tod hinaus fand eine Diskriminierung statt, da die Leichen der Verstorbenen ohne Rücksicht auf Wünsche oder religiöses Bekenntnis eingeäschert wurden.[243] Auch bei der Beisetzung der Urnen – die außerhalb der Gräberreihen stattfand – war keine Andacht erlaubt.[244]

Neben den polnischen Arbeitskräften bestand auch für die „Ostarbeiter" Kennzeichnungspflicht. Sie hatten ebenfalls gut sichtbar ein quadratisches Stoffstück mit der Aufschrift „Ost" auf blauem Grund zu tragen, das sie öffentlich erkennbar machte und als „minderwertig" brandmarkte.[245] Gegenüber den sowjetischen Kriegsgefangenen hatte man zunächst die Kennzeichnung durch eine dauerhafte Tätowierung auf dem Gesäß erwogen, dann jedoch wohl aus Praktikabilitätsgründen darauf verzichtet.[246]

---

242 StadtA Halver, K III/9 1943-1945, Bd.9: Durchführungsbestimmungen zum Runderlaß vom 10.9.1943, betr. Behandlung der im Reichsgebiet befindlichen Arbeitskräfte polnischen Volkstums, o.D., S. 11f.
243 StadtA Hagen, Einäscherungsliste 1943-1944: Schreiben des Regierungspräsidenten Arnsberg, betr. Feuerbestattung ausländischer Arbeiter aus dem Osten und Südosten, v. 3.8.1942.
244 StadtA Halver, K III/9 1942-1943, Bd.3: Schreiben der Geheimen Staatspolizei-Staatspolizeistelle Dortmund, betr. Beerdigung eines russischen Zivilarbeiters, v. 30.12.1942.
245 StadtA Halver, K III/9 1943-1945, Bd.9: Schreiben des Regierungspräsidenten in Arnsberg, betr. Kennzeichnung von Ostarbeitern, v. 14.7.1943.
246 StadtA Halver, K III/9 1940-1943, Bd.1: Schreiben des OKW, betr. Kennzeichnung der sowjetischen Kriegsgefangenen durch ein Merkmal, v. 2.9.1942.

7. Lebens- und Einsatzbedingungen

7.1 Arbeitsbedingungen

Die vielfältige Diskriminierung der ausländischen Arbeiter fand auch im Arbeitsalltag ihre Fortsetzung. Die Beschäftigung der ausländischen Arbeitskräfte beschränkte sich dabei nicht nur auf die Rüstungsindustrie, auch der Bergbau, die Land- und Forstwirtschaft und sogar Privathaushalte profitierten von dem nach Deutschland deportierten „Menschenmaterial". Der Einsatz von „Ostarbeiterinnen" in der Hauswirtschaft stand allerdings nur „politisch zuverlässigen" Familien offen. Die Entscheidung über einen Einsatz trafen die örtlichen NSDAP-Funktionäre.[247] Die Bedingungen, unter denen die im „Reichseinsatz" befindlichen Ausländer zu arbeiten hatten, waren ebenfalls abhängig von ihrer Nationalität. Die Arbeitskräfte aus den westeuropäischen Staaten arbeiteten im wesentlichen unter den gleichen Arbeitsbedingungen wie die deutschen Kollegen. Ihr Lohn, die Arbeitszeiten und der Versicherungsschutz entsprach weitgehend dem der deutschen Arbeiter. Als negativ wurde hier meist die Diskrepanz zwischen Versprechen und Realität empfunden, ebenso auch die Tatsache, daß häufig Tätigkeiten unterhalb des Qualifikationsniveaus ausgeübt werden mußten.[248] Schwierigkeiten gab es meist beim Versuch der vorzeitigen Beendigung des Arbeitsverhältnisses. Dieses wurde als "Arbeitsvertragsbruch" nicht toleriert, ebenso nicht, wenn der Kontrakt formal abgelaufen war. Gleiches betraf auch Angehörige aus verbündeten Staaten, da sie nur unter besonderen Anstrengungen in ihre Heimat zurückreisen konnten.[249]

Die Einsatzbedingungen für die Kriegsgefangenen der westlichen Kriegsschauplätze lagen unter dem Niveau der „Westarbeiter", befanden sich aber meist im Rahmen der völkerrechtlichen Normen. Somit orientierten sich die Arbeitszeiten und Ruhezeiten an denen der deut-

---

247 StadtA Halver, K III/9 1940-1943, Bd.1: Der Landrat des Kreises Altena an die hauptamtl. Bürgermeister, betr. Einsatz weiblicher Arbeitskräfte aus dem altsowjetrussischem Gebiet, v. 3.11.1942.
248 Schuhladen – Krämer, Jürgen: Zwangsarbeit in Karlsruhe 1939-1945. Ein unbekanntes Kapitel Stadtgeschichte, Karlsruhe 1997, S. 36f. (Forschungen und Quellen zur Stadtgeschichte; Bd.3).
249 StadtA Halver, K III/9 1940-1943, Bd.1: Der Oberpräsident der Provinz Westfalen an den Regierungspräsidenten in Arnsberg, betr. Arbeitseinsatz von Italienern, v. 4.11.1941.

schen Arbeiter[250], wenngleich die Kriegsgefangenen schlechter bezahlt wurden und permanent unter Bewachung standen. Im Rahmen dieser Bestimmungen war die Behandlung der Kriegsgefangenen jedoch darauf angelegt, ein Höchstmaß an Arbeitsleistung zu erzielen. So sollten die Kriegsgefangenen nicht im Zweifel sein,

> „daß gegen sie rücksichtslos mit der Waffe eingeschritten wird, wenn sie etwa mit ihrer Arbeitskraft zurückhalten [...]"[251]

und die Wachmannschaften waren angewiesen

> „den Kriegsgefangenen gegebenenfalls unter Anwendung der Waffe (Kolben und Seitengewehr) zur Erfüllung seiner Pflichten zu zwingen."[252]

Gleichzeitig drohte den Wachmannschaften selber Strafe, so sie diese Anweisungen nicht durchsetzten. Es mag nicht wenige Fälle gegeben haben, in denen hier auch gegenüber westlichen Kriegsgefangenen gegen geltendes Kriegsvölkerrecht verstoßen wurde. Das OKW stellte dazu im Oktober 1943 fest, daß die geltenden Normen des Kriegsvölkerrecht nicht

> „mit den Forderungen des uns aufgezwungenen totalen Krieges in Einklang stehen."[253]

Somit war möglichen Mißhandlungen und Schikanen, auch gegenüber westlichen Kriegsgefangenen, Tür und Tor geöffnet.

Die Situation der „Ostarbeiter" und sowjetischen Kriegsgefangenen war ungleich schlechter. Sie standen in einem „Beschäftigungsverhältnis eigener Art", in dem das deutsche Arbeitsrecht nur sehr eingeschränkt Anwendung fand.[254] Häufig wurden sie zu schwersten körperlichen Tätigkeiten herangezogen und mußten auch gesundheitsschädliche Tätig-

---

250 StadtA Halver, K III/9 1940-1943, Bd.1: Das Oberkommando der Wehrmacht an den Regierungspräsidenten Arnsberg, betr. Tägliche Arbeitszeit der Kriegsgefangenen, v. 13.6.1941.
251 StadtA Hagen, Quellensammlung Zwangsarbeit: BA, B, R3/1820, Bl. 183, Wehrkreiskommando VI, Merkblatt für Unternehmer, betr. Hebung der Arbeitsleistung aller Kriegsgefangenen. Verhalten der Wachmannschaften, v. 23.11.1943.
252 Ebd.
253 StadtA Hagen, Quellensammlung Zwangsarbeit: BA, B, R3/1820, Bl. 185, Wehrkreiskommando VI, Merkblatt für Unternehmer, betr. Hebung der Arbeitsleistung aller Kriegsgefangenen. Verhalten der Wachmannschaften, v. 23.11.1943.
254 StadtA Hagen, Quellensammlung Zwangsarbeit: BA-MA, RW 19/2146, Bl. 338, Verordnung über die Einsatzbedingungen von Ostarbeitern vom Juni 1942, §2, S. 1.

keiten ausüben. So wurden beispielsweise „Ostarbeiter" bevorzugt zu Nachtschichten eingeteilt, um deutsche Frauen zu entlasten.[255] Erschwerend kam hinzu, daß die ausländischen Arbeiter und Arbeiterinnen nur selten ordnungsgemäß angelernt wurden, was häufig zu schweren Arbeitsunfällen führte. Im November 1942 erhielt die AFA eine Zuweisung von 1563 Arbeitskräften und mußte gegenüber dem Arbeitsamt einräumen,

> „[...] dass (sic!) natürlich der Einsatz der gesamten Arbeitskräfte auf einmal nicht möglich ist, weil die Arbeitskräfte ja erst an den einzelnen Arbeitsplätzen eingearbeitet werden müssen und die Einarbeitung von mehr als tausend Mann auf einmal nicht durchführbar ist."[256]

Die mögliche Größenordnung zur Einarbeitung scheint bei einer Gesamtbelegschaft von ca. 4.500 Arbeitskräften (4. Quartal 1942) fraglich und läßt darauf schließen, daß eine mögliche Schädigung der Arbeiter durch das Unternehmen billigend in Kauf genommen wurde. Durch die Massendeportationen gelangte zu diesem Zeitpunkt eine große Zahl an „Ostarbeitern" nach Hagen, so daß zumindest zeitweilig einzelne Arbeiter für den Betrieb leicht zu ersetzen waren, zumal die „Dringlichkeitsstufe" der bei der AFA produzierten Rüstungsgüter dies erleichterte. Von dem ohnehin schon geringen Entgelt der osteuropäischen Arbeitskräfte, blieb durch die Abzüge (Unterkunft, Verpflegung, Steuern) meist nur ein Bruchteil übrig.[257] Im Gegensatz zu den „Westarbeitern" standen ihnen auch grundsätzlich keine Zuschläge für Sonntags-, Feiertags- oder Nachtarbeit zu. Ebenso fand keine Entgeltzahlung im Krankheitsfall statt.[258] Auch in der Bezahlung der Kriegsgefangenen findet sich die rassistische Hierarchie wieder, so erhielten 1942 für eine normale Arbeitsstunde ohne Zuschläge:

---

255 StadtA Hagen, Quellensammlung Zwangsarbeit: BA-MA, RW 21-14/13, Bl. 13, Kriegstagebuch des Rüstungskommandos Dortmund, 1.Quartal 1943.
256 National Archives, Washington, D.C., RG 243:92e-24: Aktennotiz des Personalbüros des AFA-Werks Hagen für den Werksdirektor Hermann Clostermann, betr. Arbeitskräfte v. 19.11.1942, in: URL: http://www.historisches-centrum.de/zwangsarbeit/edition/afa421119.html, (Stand: 17.11.2002)
257 Spoerer, Zwangsarbeit, S. 156ff.
258 StadtA Hagen, Quellensammlung Zwangsarbeit: BA-MA, RW 19/2146, Bl. 338, Verordnung über die Einsatzbedingungen von Ostarbeitern vom Juni 1942, § 4-§ 7, S. 3.

Tabelle 4: Bezahlung der Arbeit von Kriegsgefangenen[259]

Kriegsgefangene der jeweiligen Nation	Bezahlung in Reichsmark pro Arbeitsstunde
Belgien	0,80,-
England	0,80,-
Frankreich	0,80,-
Jugoslawien	0,80,-
Polen	0,54,-
Sowjetunion	0,25,-

Von Bedeutung für die Arbeitsbedingungen der „Fremdarbeiter" war es, in welcher Branche oder in welchem Betrieb sie beschäftigt waren. Das Gutdünken der Unternehmer und nicht zuletzt auch das der Kollegen, Vorarbeiter und Meister bestimmte den Arbeitsalltag in erheblichem Maße, da hier ein bedeutender Ausgestaltungsspielraum bestand.[260] So gab es neben inhumanen Schikanen und schwerer, gefährlicher Arbeit auch vereinzelte Ausnahmen einer gleichberechtigten Beschäftigung:

> „Bald begriffen die deutschen Meister, dass (sic!) russische Arbeiter sich sehr gut mit Technik und Maschinen auskennen und nicht schlechter als die Deutschen arbeiten. [...] Und in der Kösterfabrik haben zwei von unseren Ostarbeitern sogar angefangen als Meister zu arbeiten und die deutschen Arbeiter waren ihnen untergeordnet."[261]

Dieses Beispiel, von dem ein ehemaliger Zwangsarbeiter aus Hagen hier berichtet, war sicherlich eine Besonderheit, im Zweifelsfall entschied wohl der ökonomische Nutzen über die Verwendung der ausländischen Arbeiter. Daß der „Primat der Wirtschaft" für die Unternehmen dominierte, zeigen auch Versuche der „Betriebsführer", die Lebensmittelversorgung der „Ostarbeiter" – selbst unter Strafandrohung – zu verbes-

---

259 StadtA Hagen, Quellensammlung Zwangsarbeit: BA-MA, RW19/272, Das OKW – Chef Kriegs-Gef., Merkblatt über die Bezahlung von Kriegsgefangenenarbeit v. 30.4.1942.
260 Vgl. Herbert, Ausländerpolitik, S. 156f.
261 StadtA Hagen, Quellensammlung Zwangsarbeit: Erlebnisbericht des ehem. Zwangsarbeiters Jurij W. in einem Schreiben an das Stadtarchiv Hagen, v. 12.12.2001, S. 3.

sern.²⁶² Dieses Bestreben hielt die Firmen jedoch andererseits nicht davon ab, den Mangel an Arbeitskräften durch die zwangsweise Beschäftigung von Jugendlichen und Kindern zu begegnen.²⁶³ Eine besondere Form der Ausbeutung stellte der Einsatz von Kindern unter 14 Jahren dar, für die das Unternehmen nur einen Bruchteil des geringen Lohns zahlen mußte.²⁶⁴

Unter extrem schlechten Bedingungen mußten auch die als Verräter geltenden italienischen Militärinternierten arbeiten, deren Arbeitsalltag daraus bestand,

> „[...] das sie zehn bis zwölf Stunden am Tag arbeiten, bei Regen und Kälte entlang der Eisenbahn, in den Trümmern der zerstörten Städte oder in den Fabriken an den Hochöfen, beim Transport schweren Materials oder in den Bergwerken, hunderte (sic!) von Metern unter der Erde, wo man mehr Staub als Luft einatmet.²⁶⁵

Eines der größten Probleme aus Sicht der NS-Ideologie war die Aufhebung der strikten Trennung zwischen Deutschen und „Fremdvölkischen" am Arbeitsplatz. Um der Gefahr einer Fraternisierung zwischen den „Kollegen" zu begegnen, sollte möglichst separat gearbeitet werden und bei einer unbedingt erforderlichen Zusammenarbeit war

> „[...] der Deutsche in seiner Stellung so hervorzuheben, daß [...] bei ihm ein Solidaritätsgefühl mit den russischen Arbeitskräften nicht aufkommen kann.²⁶⁶

Dies sollte verhindern, daß die „bolschewistischen Ostarbeiter" ihre deutschen Kollegen politisch beeinflußten und die Kontakte auf das Nötigste beschränkt blieben.

---

262 StadtA Hagen, Quellensammlung Zwangsarbeit: BA-MA, RW 21-14/17, Bl. 71, Kriegstagebuch des Rüstungskommandos Dortmund, 1. Quartal 1944.
263 StadtA Hagen, Quellensammlung Zwangsarbeit: Gefolgschaftsverzeichnis, Dienstverpflichtungen Schmiedag, S. 167.
264 Verordnung zur Durchführung und Ergänzung der Verordnung über die Einsatzbedingungen der Ostarbeiter vom 26. März 1944, in: Didier, Friedrich: Handbuch für die Dienststellen des Generalbevollmächtigten für den Arbeitseinsatz und die interessierten Reichsstellen im Großdeutschen Reich und den besetzten Gebieten, Berlin 1944, S. 210f.
265 Barbero, Drahtverhau, S. 33.
266 StadtA Halver, K III/9 1940-1943, Bd.1:Rundschreiben der Geheimen Staatspolizei-Staatspolizeistelle Dortmund, betr. Vorschrift für die Behandlung und den Arbeitseinsatz der Arbeitskräfte aus dem altsowjetischen Gebiet, v. 13.6.1942, S. 8.

7.2 Ernährung

Die Nahrungsmittelversorgung stellte während der Kriegszeit ein wesentliches Problem für das NS-Regime dar. Der Ernährungsfrage wurde erhebliche Bedeutung zugemessen, da die nationalsozialistische Führung sich der Relevanz für die Loyalitätssicherung und den Durchhaltewillen der Bevölkerung bewußt war. Tatsächlich gelang es dem Regime, die Versorgung der deutschen Bevölkerung in ausreichendem Maße bis zum Winter 1944/45 zu sichern.[267] Der relativ gute Ernährungszustand der Deutschen ging auf Kosten der Menschen in den besetzten Gebieten – die rücksichtslos ausgeplündert wurden – und der im Reich eingesetzten Ausländer. Bis zum Einsatz der „Ostarbeiter" galt als Grundsatz, daß den ausländischen Arbeitskräften die selben Mengen zustanden wie ihren deutschen Kollegen. Ein radikaler Wechsel in der Ernährungspolitik setzte um den Jahreswechsel 1941/42 ein. Den nach Deutschland deportierten sowjetischen Zwangsarbeitern wurde nur soviel Nahrung zugestanden, wie sie unbedingt zum Überleben benötigten – völlig unzureichend angesichts der schweren Tätigkeiten und langen Arbeitszeiten. Auch in der Ernährungsfrage spiegelt sich die rassistische Hierarchie der nationalsozialistischen Ideologie wider. Die „Ostarbeiter" waren den niedrigsten Rationen ausgesetzt, wie nachfolgende Tabelle verdeutlicht:

Tabelle 5: Offizielle Wochenrationen, Oktober 1943[268]

Verpflegungstyp	Deutsche „Westarbeiter"	Kriegsgefangene	„Ostarbeiter" sowj. Kriegsgefangene
Fleisch			
Normalarbeiter	400 gr.	250 gr.	200 gr.
Schwerarbeiter	600 gr	480 gr.	400 gr.
Fett			
Normalarbeiter	238 gr.	219 gr.	130 gr.
Schwerarbeiter	319 gr.	283 gr.	200 gr.
Brot			
Normalarbeiter	3.250 gr.	2.425 gr.	2.750 gr.
Schwerarbeiter	3.825 gr.	3.350 gr.	3.750 gr.

---

267 Spoerer, Zwangsarbeit, S. 122f.
268 Tabelle nach Spoerer, Zwangsarbeit, S. 125.

Wieviel von den aufgeführten Mengen wirklich die ausländischen Arbeiter erreichte, ist schwierig einzuschätzen, es kann jedoch auf Grund von korruptem Lagerpersonal oder Manipulationen im Verteilungssystem von erheblichen Fehlmengen ausgegangen werden.[269] Die zugeteilten Nahrungsmittel waren meist von minderer Qualität, so bestand das Brot aus einer Mischung von Roggenschrot und Zuckerschnitzel (Verschnitt aus Zuckerrüben), vielfach auch mit Sägemehl vermischt. Eine typische Tagesration bestand aus

> „morgens vor der Arbeit, halbe (sic!) Tasse heißes Wasser, aufgebrüht mit irgendeinem Kraut, ohne Zucker und 150g. schwarzer (sic!) Brotersatz, der in Holzspäne gebacken wurde. Zum Mittagessen gabs`s eine volle Tasse (1 Liter) von irgendeiner dünnflüssigen Masse ohne Brot. Und zum Abendessen gab`s die gleiche Portion von dieser Masse und 150g. Brotersatz."[270]

Bei der Lebensmittelverteilung ereigneten sich regelmäßig heftige Verteilungskämpfe unter den Gefangenen.[271] Die Möglichkeit, zusätzliche Lebensmittel durch den Kauf auf dem Schwarzmarkt zu überhöhten Preisen zu erwerben, schied für die ausländischen Arbeitskräfte aus Geldmangel aus. Häufig wurden statt dessen selbstgemachte Gebrauchsgegenstände angefertigt und zum Tausch gegen Lebensmittel angeboten. Dieser Tauschhandel war verboten und mit dem Risiko strengster Bestrafung verbunden.[272]

Die mangelhafte und unzureichende Ernährung begünstige vielfach Krankheiten oder führte in Verbindung mit der schweren Arbeit nicht selten zum Hungertod.[273] Besonders zum Kriegsende hin, verschlechterte sich die Nahrungsmittelversorgung der „Ostarbeiter" in Hagen nochmals deutlich, so daß es sogar zu einem Fall von Kannibalismus

---

269   Naasner, Machtzentren, S. 135.
270   StadtA Hagen, Quellensammlung Zwangsarbeit: Erlebnisbericht des ehem. Zwangsarbeiters Jurij W. in einem Schreiben an das Stadtarchiv Hagen, v. 12.12.2001, S. 4.
271   Barbero, Drahtverhau, S. 37.
272   StadtA Halver, K III/9 1943-1945, Bd.9: Der höhere SS- und Polizeiführer West an den Regierungspräsidenten in Arnsberg, betr. Tauschhandel mit selbstgefertigten Gebrauchsgegenständen durch Ostarbeiter und Kriegsgefangene, v. 8.8.1944.
273   StadtA Hagen, Einäscherungsliste 1941-42: Einäscherungsdatum 5.5.1942, Nr.186. Als Todesursache ist „Entkräftung" angegeben.

kam.²⁷⁴ Durch die starken Einbußen in den Arbeitsleistungen²⁷⁵ der „Ostarbeiter" und der italienischen Militärinternierten, drängten die mit der Steuerung der Kriegswirtschaft betrauten Behörden zunehmend auf eine Verbesserung der Versorgung. Dabei wiesen sie ausdrücklich darauf hin,

> „daß diese Forderung nicht aus Gründen unangebrachter Sentimentalität oder Weichheit erhoben wird, sondern ausschließlich in der Absicht, eine größtmögliche Arbeitsleistung des Kr.Gef. zu erzielen."²⁷⁶

Auch von Seiten der Betriebe wurden ausschließlich ökonomische Erwägungen angeführt, da zeitweise die Hälfte der „Ostarbeiter" und IMIs nicht arbeitsfähig waren und somit das Produktionssoll gefährdet schien.²⁷⁷

Je stärker das Deutsche Reich auf die Arbeitskraft der „Fremdarbeiter" angewiesen war, je eher ließen sich die NS-Ideologen auf eine Verbesserung der Ernährung ein. So wurden auch im Gau-Westfalen Süd Versuche²⁷⁸ zur „Leistungsernährung" durchgeführt, die im Ergebnis höhere Nahrungszuteilungen vorsahen. Inwieweit die Anstrengungen zur Verbesserungen der Lebensmittelversorgung auf Reichsebene auch auf die unterste Ebene durchschlugen und in Hagen umgesetzt wurden, ist nicht mit letzter Sicherheit zu sagen. Festzustellen ist jedoch, daß seit dem Sommer 1943 verstärkt sowjetische Kriegsgefangene als „aufpäppelungsbedürftig" den landwirtschaftlichen Betrieben in der Hagener Region zugeführt wurden, da sie „körperlich derart herunter waren, das (sic!) sie für Industriearbeiten nicht mehr in Frage [...]"²⁷⁹ kamen. Auch

---

274 Vgl. Barbero, Drahtverhau, S. 51.
275 Sie lagen in Folge der Unterernährung bei teilweise nur 20% der „Normalleistung eines männlichen deutschen Arbeiters". StadtA Hagen, Quellensammlung Zwangsarbeit: BA-MA, RW 21-14/17, Bl. 32, Kriegstagebuch des Rüstungskommandos Dortmund, 1.Quartal 1944.
276 StadtA Halver, K III/9 1943-1945, Bd.9: Das Wehrkreiskommando VI an den Regierungspräsidenten in Arnsberg, betr. Arbeitsleistung der Kr. Gef. Im Arbeitseinsatz, v. 30.5.1943.
277 StadtA Hagen, Quellensammlung Zwangsarbeit: BA-MA, RW 21-14/17, Bl. 31, Kriegstagebuch des Rüstungskommandos Dortmund, 1.Quartal 1944.
278 Vgl. Eichholtz, Dietrich: Die „Krautaktion". Ruhrindustrie, Ernährungswissenschaft und Zwangsarbeit 1944, in: Herbert, Ulrich (Hrsg.): Europa und der „Reichseinsatz". Ausländische Zivilarbeiter, Kriegsgefangene und KZ-Häftlinge in Deutschland 1938-1945, Essen 1991, S. 270 - 294.
279 StadtA Hagen, SamHa 20, fol. 6: Schreiben der Vermittlungsstelle des Landesarbeitsamts Westfalen im Stalag VI-D (Dortmund) an die Fa. Carl Krampe, Hagen-Rummenohl, betr. Arbeitseinsatz von Kriegsgefangenen, v. 25.06.1943.

den Zeitzeugenberichten[280] ist zu entnehmen, daß zumindest eine geringfügige Verbesserung stattgefunden hat. Inwieweit diese Verbesserungen jedoch dauerhaft bzw. flächendeckend in den Hagener Betrieben stattgefunden haben, ist schwierig einzuschätzen. Bei einer Inspektion von größeren „Ostarbeiterlagern" im Gau Westfalen-Süd wurde die Verpflegung im Herbst 1942 weiterhin als „vielfach mangelhaft und unzureichend"[281] eingestuft. Teilweise hatten die Firmen den Betrieb der „Ostarbeiterküchen" auch verpachtet, woraus sich weiteres Potential zur Manipulation ergab. Das Wehrkreiskommando in Münster beklagte im Frühjahr 1943, daß Teile der ohnehin schon geringen Rationen den sowjetischen Kriegsgefangenen vorenthalten würden. Sie sah dies als einen der ursächlichen Gründe für die rapiden Leistungseinbußen und steigenden Todesfälle.[282] Als ausschlaggebend für Umfang und Güte der ausgegebenen Nahrungsmittel muß, neben dem Einsatzort, wie z.B. kleineren Familienbetrieben oder Privathaushalten, das individuelle Verhalten der unteren, ausführenden Ebene der Lagerleiter oder „Betriebsführer" angesehen werden.

7.3 Lager und Bewachung

Mit der rapiden Zunahme der ausländischen Arbeitskräfte ab 1942 wurde der Bau großer Barackenlager notwendig, die auf freien Grundstücken, Wiesen oder auf den Betriebgeländern errichtet wurden. Ein Erlaß vom April 1942 definierte dabei zwei Standardbaracken: der erste Typus (Typ RAD RL IV) sollte 18 männliche Zivilarbeiter oder nichtsowjetische Kriegsgefangene oder 36 sowjetische Kriegsgefangene beherbergen. In der zweiten Standardbaracke (Typ RLM 501/34) sollten bis zu 12 weibliche Zivilarbeiter Unterkunft finden.[283] Die Realität sah nicht selten anders aus. Die meisten Lager waren völlig überbelegt und auf Grund mangelhafter oder fehlender sanitärer Einrichtungen mit Ungeziefer be-

---

280 StadtA Hagen, Quellensammlung Zwangsarbeit: Erlebnisbericht des ehem. Zwangsarbeiters Jurij W. in einem Schreiben an das Stadtarchiv Hagen, v. 12.12.2001, S. 11.
281 StadtA Hagen, Quellensammlung Zwangsarbeit: Bundesarchiv-Zwischenarchiv, Dahlwitz-Hoppegarten (BA-ZA), R 10III/131, Bl. 6, Der GBA an den Präsidenten des LAA Dortmund, betr. Laufende Inspektion des Ostarbeitereinsatzes, v. 10.3.1943.
282 StadtA Halver, K III/9 1943-1945, Bd.9: Das Wehrkreiskommando VI an den Regierungspräsidenten in Arnsberg, betr. Arbeitsleistung der Kr. Gef. Im Arbeitseinsatz, v. 30.5.1943.
283 Vgl. Spoerer, Zwangsarbeit, S. 118.

fallen, so daß katastrophale Zustände herrschten.[284] Verbunden mit dem endemischen Hunger unterhöhlten diese Zustände die Solidarität im Lager; Korruption, Diebstahl und Denunziation bestimmten den Alltag. Besonders die zahlreichen Diebstähle der wenigen, persönlichen Gegenstände trafen den Gemeinschaftssinn in den Baracken schwer, zumal von Privatsphäre keine Rede sein konnte.[285] Nicht selten profitierten auch die deutschen Sicherheitsorgane von den Zuständen: ein Netz von Spitzeln und Informanten half Widerstände oder Fluchtversuche im Ansatz zu verhindern.[286] Um dies zu fördern wurden, ähnlich der „Funktionshäftlinge" in den Konzentrationslagern, „bewährte Ostarbeiter" für den „Lagerdienst" rekrutiert, deren Aufgabe darin bestand, Fluchtversuche aufzudecken und „Hetzer und Saboteure" zu melden. Die Belohnung bestand aus Sonderzuteilungen an Nahrungsmitteln, vereinzelt auch Rauchwaren. Um etwaige Verdachtsmomente gegen die Zuträger auszuschließen, wurde ihre bevorzugte Behandlung mit „herausragenden" Arbeitsleistungen begründet.[287] Um die „Ostarbeiter" von der Zivilbevölkerung und anderen ausländischen Arbeitskräften abzusondern, waren die Lager mit einer „fluchthindernden Umzäunung"[288] zu versehen. Die Zuständigkeit für die „Eignungsüberprüfung" der Unterkünfte lag bei der Hagener Außenstelle der Gestapo.

Durch die ansteigende Zahl ausländischer Arbeitskräfte war das Stadtgebiet mit einem Netz von Lagern und Wohnheimen durchzogen. Für Hagen lassen sich 559 Unterkünfte nachweisen, die sich wie folgt aufteilen:

---

284 National Archives, Washington, D.C., RG 243:92e-24: Protokoll der Deutschen Arbeitsfront, Kreiswaltung Hagen, v. 1.2.1944 über die Besichtigung des Gemeinschaftslagers der AFA, in: URL: http://www.hco.hagen.de/zwangsarbeit/edition/daf440201v.html, (Stand: 19.11.2002).
285 StadtA Hagen, Quellensammlung Zwangsarbeit: Erlebnisbericht des ehem. Zwangsarbeiters Jurij W. in einem Schreiben an das Stadtarchiv Hagen, v. 12.12.2001, S. 5.
286 StadtA Halver, K III/9 1943, Bd.4: Übersetzung des Berichtes des Ostarbeiters Iwan B. an die Geheime Staatspolizei Hagen v. 20.7.1943.
287 StadtA Halver ‚K III/9 1940-1943, Bd.1: Geheime Staatspolizei-Staatspolizeistelle Dortmund an alle Betriebe mit Ostarbeitereinsatz im Regierungsbezirk Arnsberg, betr. 2. Nachtrag zur Vorschrift vom 13.6.1942 über die Behandlung von Ostarbeitern, v. 16.11.1942. S. 5.
288 StadtA Halver, K III/9 1940-1943, Bd.1: Rundschreiben der Geheimen Staatspolizei-Staatspolizeistelle Dortmund, betr. Vorschrift für die Behandlung und den Arbeitseinsatz der Arbeitskräfte aus dem altsowjetischen Gebiet, v. 13.6.1942, S. 2.

Tabelle 6: Lagergröße[289]

Belegungsstärke	Anzahl
Bis 10 Personen	233
10 bis 100 Personen	250
100 bis 500 Personen	66
500 bis 1000 Personen	8
Über 1000 Personen	2

Zu den Unterkünften mit bis zu zehn Personen zählen auch zahlreiche Privatunterkünfte, wobei es sich bei den hier lebenden Arbeitskräften meist um „Westarbeiter" bzw. im Haushalt angestellte Polen oder „Ostarbeiter" handelte. Die größten Lager in Hagen unterhielten die Klöckner-Werke in Hagen-Haspe mit fast 2.000 Arbeitskräften, die AFA mit über 1.300 Zwangsarbeitern sowie die OT mit fast 1.000 ausländischen Arbeitern und Arbeiterinnen. Die zahlreichen Baracken standen unter ständiger Bewachung, wobei als Grundsatz für je 30 Arbeitskräfte ein Wachmann veranschlagt werden sollte.[290] Dem Bewachungspersonal und der Lagerführung kam eine große Bedeutung zu, da es ihnen, im ständigen, direkten Kontakt mit den „Fremdarbeitern" oblag, das Konvolut an rassistischen Vorschriften zu beachten und die „Volksgemeinschaft" vor den schädlichen Einflüssen der „Ostvölker" zu schützen. Der Lagerführer hatte durch „sein persönliches Auftreten die Einhaltung der Lagerordnung zu gewährleisten."[291]

Somit zeigt sich, daß das individuelle Verhalten der Wachmänner großen Einfluß auf das persönliche Schicksal des einzelnen Zwangsarbeiters hatte. Es unterlag zu großen Teilen der Verantwortung der untersten

---

289 StadtA Hagen, Auflistung aller Lager und Unterkünfte von Zivilarbeitern und Kriegsgefangenen in Hagen und Hohenlimburg, Stand: September 2002.
290 StadtA Halver, K III/9 1940-1943, Bd.1: Rundschreiben der Geheimen Staatspolizei-Staatspolizeistelle Dortmund, betr. Vorschrift für die Behandlung und den Arbeitseinsatz der Arbeitskräfte aus dem altsowjetischen Gebiet, v. 13.6.1942, S. 7.
291 StadtA Halver, K III/9 1940-1943, Bd.1: Rundschreiben der Geheimen Staatspolizei-Staatspolizeistelle Dortmund, betr. Vorschrift für die Behandlung und den Arbeitseinsatz der Arbeitskräfte aus dem altsowjetischen Gebiet, v. 13.6.1942 v. 12.6.1942, S. 6.

ausführenden Ebene, inwieweit und in welcher Form die NS-Rassenideologie und Hierarchie durchgesetzt wurde. Um dies auch zu gewährleisten, sollten die ausgesuchten Männer des „Werkschutzes",

> „[...] politisch zuverlässig, charakterlich einwandfrei sein und energisch durchgreifen können."[292]

Das Personal der Wachmannschaften rekrutierte sich meist aus Belegschaftsmitgliedern der einzelnen Betriebe, bei den größeren Firmen überwiegend aus dem bereits vorhandenen Werkschutz. Daß das Kriterium der Gestapo zur Auswahl des Wachpersonals nicht immer erfüllt wurde, zeigt das Ergebnis einer Besprechung der Schutzpolizei, die feststellen mußten,

> „das Männer zur Polizeireserve[293] herangezogen und ausgebildet worden sind, die dann wegen erheblicher Vorstrafen oder, weil sie politisch nicht tragbar waren, wieder entlassen werden mußten."[294]

Dies mag einer der Gründe gewesen sein, daß man in Hagen zum Jahreswechsel 1942/43 insgesamt 326 Mitglieder der NSDAP und ihrer Gliederungen als „Stadt- und Landwachen" für die Bewachung der Baracken und der Verfolgung geflüchteter Zivilarbeiter und Kriegsgefangener rekrutierte.[295]

Mit der steigenden Zahl der Einberufungen sank auch die Zahl der verfügbaren Wachleute, so daß das verbleibende Personal einer höheren Belastung ausgesetzt war, was sich sicherlich zusätzlich negativ auf die Behandlung der „Fremdvölkischen" ausgewirkt hat. Nicht selten wird die Frustration darüber, zusammen mit der rassistischen NS-Propaganda und der eventuellen Wut über den Tod von Familienmitgliedern an der Ostfront, sein Ventil in Mißhandlungen gefunden haben. Ein Beispiel dafür gibt der Brief eines ehemaligen „Ostarbeiters", der über Schikanen

---

292 StadtA Halver, K III/9 1940-1943, Bd. Rundschreiben der Geheimen Staatspolizei-Staatspolizeistelle Dortmund, betr. Vorschrift für die Behandlung und den Arbeitseinsatz der Arbeitskräfte aus dem altsowjetischen Gebiet, v. 13.6.1942 1v. 12.6.1942, S. 7.
293 Der Begriff „Polizeireserve" bezeichnet im Kontext dieser Stellungnahme eindeutig Bewachungspersonal.
294 StadtA Halver, K III/9 1940-1943, Bd. 1: Der Regierungspräsident Arnsberg an den OB Hagen, betr. Dienstbesprechung der Kommandeure der Schutzpolizei vom 11.2.1942, v. 23.3.1942.
295 Blank, Ralf: Arbeiten für die Kriegsrüstung im Zweiten Weltkrieg. Zwangsarbeit in Hagen 1939-1945. Stadtverwaltung Hagen, 2001, in: URL: http://www.historisches-centrum.de/zwangsarbeit/s-18.html, (Stand: 20.11.2002).

und Mißhandlungen durch einen Lagerleiter berichtet, der infolge einer Kriegsverletzung auf diese Position versetzt wurde.[296] Mag anfangs der Dienst als Wachmann noch eine Möglichkeit gewesen sein, vom Waffendienst „uk" gestellt zu werden, so wurden in der letzten Kriegsphase besonders Kriegsversehrte und alte Männer angestellt,[297] bevor im Januar 1945 der Volkssturm größtenteils die Bewachung übernahm. Die Bewachung der Kriegsgefangenen unterlag den, der Wehrmacht unterstehenden, Landesschützen-Kompanien. Für Hagen war das Landesschützen-Bataillon 617 zuständig, welches eng mit der Stadtverwaltung kooperierte.[298]

Die Lagerführer wurden auf Bestätigung der zuständigen Staatspolizeistelle ernannt. In einem konkreten Fall reichte - als „alter Kämpfer" - die Teilnahme am Ersten Weltkrieg als Qualifikation aus, da hier weder eine Mitgliedschaft in der NSDAP noch in einer ihrer Gliederungen vorlag.[299] Ob es sich hierbei lediglich um eine Ausnahme handelte bzw. ein Zugeständnis an die sich verschärfende Lage in den letzten Kriegsmonaten, kann nicht genau gesagt werden. Bei der Einstellung zum „Hilfs-Wachmann" scheint eine gewisse Qualifikation in „Überwachungstätigkeiten" jedoch hilfreich gewesen zu sein, wie die bevorzugte Einstellung eines ehemaligen Parkwächters belegt.[300]

Die Wachmänner waren angewiesen, die „Ostarbeiter" streng von den deutschen „Volksgenossen" und Angehörigen anderer Nationen abzuschirmen. Jeder Kontakt sollte unterbunden werden, wobei auch der Kontakt des Wachpersonals zu den Zwangsarbeitern auf ein Minimum zu beschränken sei. Zur Aufrechterhaltung der Ordnung und Disziplin war

---

296 StadtA Hagen, Quellensammlung Zwangsarbeit: Erlebnisbericht des ehem. Zwangsarbeiters W.K. Migal in einem Schreiben an das Stadtarchiv Hagen, v. 20.09.2001, S. 2.
297 StadtA Hagen, Sam Ha 20, fol.29: Liste der vom Arb.Kdo. 2061 des M.-Stalag VI/D verpflichteten Hilfs-Wachmänner, v. 13.10.1944.
298 Blank, Ralf: Arbeiten für die Kriegsrüstung im Zweiten Weltkrieg. Zwangsarbeit in Hagen 1939-1945. Stadtverwaltung Hagen, 2001, in: URL: htp://www.historisches-centrum.de/zwangsarbeit/s-18.html, (Stand: 20.11.2002).
299 StadtA Halver, K III/9 1943-1944, Bd.7: Vernehmungsprotokoll der Kripo Dortmund, bezgl. Casimir S., v. 28.9.1944.
300 StadtA Hagen, Bestand Hagen I: Akte 10607, Schreiben des OB an die Forstverwaltung, betr. Einsatz von russischen Kriegsgefangenen zur Erfüllung des Holzeinschlages im städtischen Forstbetrieb, v. 21.1.1943.

"Bei den geringsten Anzeichen von Widersetzlichkeit und Ungehorsam [...] rücksichtslos durchzugreifen und zur Brechung von Widerstand auch von der Waffe schonungslos Gebrauch zu machen."[301]

Ebenso war das Wachpersonal angewiesen, auf fliehende Arbeitskräfte „sofort zu schießen mit der festen Absicht zu treffen."[302] Diese Anweisungen veranschaulichen, welch unmenschliche Bedingungen in den Lagern geherrscht haben. Willkürliche Beschimpfungen, Schläge und Schikanen gehörten zum brutalen Alltag. Zwar waren die „Ostarbeiter" Hauptziel solcher Attacken, diese waren aber nicht ausschließlich auf diese Gruppe begrenzt. So finden sich vereinzelt auch Hinweise auf Übergriffe gegen Arbeitskräfte aus anderen Ländern.[303] Nicht wenige sowjetische Kriegsgefangene oder Zivilarbeiter starben bei dem Versuch, den unerträglichen Zuständen zu entfliehen.[304] In den Zeitzeugenberichten finden sich kaum Anzeichen dafür, daß die Bewacher ihre Stellung dazu genutzt hätten, die Situation der Zwangsarbeiter zu verbessern. Im Gegenteil: die Bemühungen um eine Steigerung der Arbeitsleistung der russischen Zwangsarbeiter erbrachten zwar ein Verbot der Prügelschikanen, eine Umsetzung in der Praxis fand allerdings kaum statt.[305]

---

301 StadtA Halver, K III/9, 1940-1943, Bd.1: Geheime Staatspolizei - Staatspolizeistelle Dortmund, Anweisung für Wachmänner § 6, o.D. [1940-1943].
302 Ebd.
303 StadtA Hagen, Bestand Hagen I, Akte 10821: Schreiben der US-Militärbehörden an die Vertreter der britischen Militärregierung in Hagen, betr. Unterkunft für einen griechischen Staatsangehörigen, v. 29.11.1946.
304 StadtA Hagen, Quellensammlung Zwangsarbeit: Hausbuch „Stahlwerk Pouplier, Russenlager für Männer II", S.6, Eintrag zu Alexei R., „auf der Flucht erschossen" v. 8.10.1942.
305 So wird in dem Bericht bemängelt, „[...] daß trotz der verschiedentlich ergangenen Anweisungen Ostarbeiter noch geprügelt werden." StadtA Hagen, Quellensammlung Zwangsarbeit: BA-ZA, R 10III/131, Bl. 6, Der GBA an den Präsidenten des LAA Dortmund, betr. Laufende Inspektion des Ostarbeitereinsatzes, v. 10.3.1943.

7.4 Deutsche und Ausländer – Soziale Kontakte und Freizeit

Obwohl das Verhalten gegenüber Polen und Russen weitgehend normiert und reglementiert war, hing der „Erfolg" der „Rassentrennung" für das Regime auch davon ab, inwieweit die deutsche Bevölkerung bereit war, dies mitzutragen. Die NS-Propaganda bezüglich der „Fremdarbeiter" konnte sich auf eine breite Basis von Vorurteilen und Ressentiments in der deutschen Bevölkerung stützen, der überwiegende Teil der Deutschen wahrte gegenüber den Ausländern Distanz – aus Angst, Gewohnheit gegenüber Fremden und aus Gefolgschaft gegenüber dem Regime. Jedoch gibt es Anzeichen, daß das dichte Konvolut an Bestimmungen nicht immer berücksichtigt wurde. Einer der Hauptgründe dafür mag schlichte Unkenntnis im Dickicht der Erlasse und Anordnungen gewesen sein. So berichtet z.B. der Chef der Rüstungsinspektion VI:

> „Von verschiedenen RüIn [Rüstungsinspektionen, JF] wird mit Recht darüber Klage geführt, daß sich mit Arbeitseinsatzfragen zu viele Stellen beschäftigen und daß wegen der verschiedenartigen diesbezüglich, sich vielfach widersprechenden Weisungen der Betriebe oft nicht wissen, an wen sie sich halten sollen."[306]

Daneben kollidierten die Bestimmungen auch vielfach mit den Erfordernissen nach hohen Arbeitserträgen, so wurden die Anweisungen der Behörden in der Form unterlaufen, daß zusätzliche Ruhezeiten oder eine höhere Entlohnung als Leistungsanreiz gewährt wurden. Dies traf besonders auf landwirtschaftliche Betriebe und kleinere Unternehmen zu, da hier vielfach die Überprüfungen nicht so kontinuierlich und gründlich erfolgten.[307] Desgleichen beklagt die Gestapo Hagen im April 1944, daß häufig gegen die Auflagen zur Beschäftigung von „Ostarbeitern" verstoßen würde. Der Grund lag in nicht genehmigten Beschäftigungen von Arbeitskräften zu privaten Hausarbeiten.[308] Hier wurde dem Eigennutz der Vorzug vor den „abwehrmäßigen" Bedenken des NS-Sicherheitsapparates gegeben. Der Berichterstattung in der lokalen Presse zufolge, blieben trotz drakonischer Strafen Verstöße gegen das Kontaktverbot ein weit verbreitetes Phänomen. So berichtet die „Hagener

---

306   StadtA Hagen, Quellensammlung Zwangsarbeit: BA-MA, RW 19/307, Bl.15, Beitrag zur Inspekteursbesprechung am 6./7.9.1940 durch den Chef RüIn VI, v. 28.8.1940, S. 1.
307   StadtA Halver, K III/9 1940-1943, Bd.1: Schreiben des Regierungspräsidenten Arnsberg, betr. Polnische Zivilarbeiter, v. 29.11.1940.
308   StadtA Halver, K III/9 1943-1945, Bd.9: Schreiben der Gestapo Hagen, betr. Ostarbeiter, v. 26.4.1944.

Zeitung" im Mai 1943 über einen Prozeß bezüglich „Verbotenen Umgangs" zwischen einer Deutschen und einem französischen Kriegsgefangenen. Die Frau erhielt für ihre Liebesbeziehung eine vergleichsweise milde Haftstrafe von zwei Monaten.[309] Bei einem ähnlichen Prozeß, über den einige Tage zuvor berichtet wurde, verhängte das Sondergericht beim Amtsgericht Hagen Haftstrafen von einem Jahr bzw. acht Monaten gegen zwei Frauen, die ebenfalls wegen Beziehungen zu französischen Kriegsgefangenen angeklagt waren.[310] Die Strafe, die den Kriegsgefangenen erwartete, war ungleich härter, da in solchen Belangen auf seinen völkerrechtlich geschützten Status keine Rücksicht genommen wurde. Es erfolgte eine Bestrafung durch „staatspolizeiliche Maßnahmen", die für Franzosen in der Regel lange Haftstrafen bis zur Einweisung in ein KZ vorsahen.[311] Die häufige und vom Umfang geringe Presseberichterstattung läßt vermuten, daß es sich um ein nahezu alltägliches Delikt handelte und es den Hagener Behörden nicht gelang, diese Verstöße entscheidend einzudämmen. Selbst die harten Strafen, so wurde eine Frau zu einem Monat Gefängnishaft verurteilt, weil sie einem französischen Kriegsgefangenen etwas Brot gegeben hatte[312], erzielten nicht die abschreckende Wirkung, die seitens der Sicherheitsbehörden beabsichtigt war. Offenbar kam es auch durch das Wachpersonal selbst zu Verstößen gegen elementare Grundsätze der NS-Rassenpolitik. So sah sich die Wehrmacht im Herbst 1942 veranlaßt, durch Kontrollen des Heeresstreifendienstes im Wehrkreis VI „intime Annäherungen" zwischen dem Bewachungspersonal der Wehrmacht und ausländischen Arbeiterinnen zu verhindern.[313] Die vom Regime forcierten Maßnahmen schienen nicht immer auf einhelliges Verständnis zu treffen So beklagten die Sicherheitsorgane den „vom volkstumspolitischen Standpunkt aus" unerwünschten Tauschhandel zwischen Fremdarbeitern und Deutschen.[314]

---

309 StadtA Hagen, Zeitungssammlung: „Hagener Zeitung", v. 18.5.1943.
310 StadtA Hagen, Zeitungssammlung: „Westfälische Landeszeitung – Rote Erde" v. 10.5.1944.
311 StadtA Halver, K III/9 1943-1945, Bd.9: Geheime Staatspolizei – Außenstelle Hagen – an den Landrat in Altena, betr. Bearbeitung staatspolizeilicher Vorgänge, v. 20.10.1944.
312 StadtA Hagen, Zeitungssammlung: „Hagerner Zeitung" , v. 25.2.1943.
313 StadtA Halver, K III/9 1940-1943, Bd.1: Rundschreiben der Geheimen Staatspolizei-Staatspolizeistelle Dortmund, betr. Kontrollen des Heeresstreifendienstes in der Umgebung von Lagern mit ausländischen Arbeiterinnen, v. 7.11.1942.
314 StadtA Halver, K III/9 1943-1945, Bd.9: Der höhere SS- und Polizeiführer West an den Regierungspräsidenten in Arnsberg, betr. Tauschhandel mit selbstgefertigten Gebrauchsgegenständen durch Ostarbeiter und Kriegsgefangene, v. 8.8.1944.

Die Motive für das Verhalten der Deutschen dürften verschiedene Ursprünge gehabt haben, einer der häufigsten war sicherlich ein gewisses Mitleid. Daß insbesondere die desolate Ernährungssituation der „Fremdarbeiter" häufiger die Anteilnahme der „Volksgenossen" erweckte, läßt sich an zahlreichen Zeitungsartikeln belegen, in denen die Lebensmittelspenden an Fremdarbeiter als „Brotentzug" an der „deutschen Ernährung" verurteilt wurden. Offen wird hier zur Denunziation derer aufgerufen, die aus „unangebrachter Gefühlsduselei" bettelnde „Ostarbeiter" mit Brot oder Lebensmittelkarten versorgten.[315] In seitenlangen Artikeln beschwört die NS-Propaganda die guten Zustände in den Lagern, lobt die „Schmackhaftigkeit des Essens" und die „Sauberkeit der Aborträume".[316] In Anbetracht der Realität, die jeder Deutsche beim Passieren der Lager oder beim Anblick ihrer Bewohner erkennen mußte, sind diese Artikel blanker Hohn. Sie zeugen von den Versuchen, eine Anteilnahme am Schicksal der Ausländer zu minimieren, um eine Annäherung zwischen Deutschen und ausländischen Arbeitskräften zu verhindern. So sah sich die Presse genötigt, auch soziale Konzessionen, wie z.B. das Betreten von Geschäften durch die „Fremdarbeiter", zu verurteilen.[317] Die aufgeführten Beispiele offenbaren, daß die zahlreichen Ausländer in den Augen der Deutschen zunehmend normaler Bestandteil des Alltags wurden. Die beschriebenen Ausnahmen – die um so schwerer durch die Sicherheitsbehörden sanktioniert wurden – dürfen aber nicht darüber hinwegtäuschen, daß der alltägliche Umgang am Arbeitsplatz, im Lager oder auch auf offener Straße meist ein anderer war. Neben den Anzeichen zwischenmenschlichen Miteinanders, das sich zuweilen herausbildete[318], konnten die nationalsozialistischen Behörden bei der Umsetzung der rassistischen Ideologie auf die breite Unterstützung der "Volksgenossen" bauen, wie beispielsweise bei der Suche nach geflüchteten "Ostarbeitern".[319] Es wird aber deutlich, daß sich die rassi-

---

315 StadtA Hagen, Zeitungssammlung: „Westfälische Landeszeitung – Rote Erde" v. 25.2.1944.
316 StadtA Hagen, Zeitungssammlung: „Westfälische Landeszeitung – Rote Erde" v. 3.3.1944.
317 StadtA Hagen, Zeitungssammlung: „Westfälische Landeszeitung – Rote Erde" v. 11./12.3.1944.
318 So ist z.B. ein Fall in Hagen belegt, wo, gegenüber den Behörden, offen über die schlechte Behandlung eines polnischen Arbeiters protestiert wurde. StadtA Hagen, Bestand Hagren I, Akte 8185: Schreiben der Fa. Walter Stratmann an den OB Hagen als Ortspolizeibehörde, betr. Mißhandlung eines polnischen Arbeiters, v. 15.12.1944.
319 StadtA Halver, K III/9 1943-1945, Bd.9: Der Reichsführer SS an die Regierungspräsidenten, betr. Belohnung für die Mitwirkung bei der Ergreifung gesuchter Personen, v. 14.12.1943.

stische Hierarchie nicht bruchlos in die Praxis umsetzen ließ, und innerhalb der vom Regime gesetzten Grenzen durchaus ein "korrektes"[320] Verhalten möglich war. Ebenso bot das System für diejenigen Deutschen, die es wollten, geeignete Gelegenheiten, straffrei Schikane und Repressionen gegenüber Ausländern auszuüben.

Das Lagerwesen trug dazu bei, daß die Kontakte zwischen Deutschen und Ausländern beschränkt blieben. Die wenige verbleibende freie Zeit der ausländischen Arbeitskräfte spielte sich zumeist innerhalb der Lager ab. Besonders die osteuropäischen Arbeitskräfte waren durch die unzureichende Ernährung und anstrengende Arbeit meist kaum zu Freizeitaktivitäten in der Lage. Der Besuch von Kinos, Gaststätten oder jedweder Festivität war ihnen verboten.[321] Die „kulturelle Betreuung" der ausländischen Arbeitskräfte wurde durch die DAF übernommen, da man so erhoffte, die Freizeitaktivitäten der Ausländer kontrollieren zu können. Darüber hinaus sollte durch eine „artgemäße Gestaltung der Freizeit" die Arbeitsleistung gesteigert werden.[322] Bei den organisierten Tanzabenden, Filmvorführungen oder Rundfunksendungen wurde penibel darauf geachtet, daß diese Aktivitäten möglichst im Lager stattfinden konnten, um den Kontakt zwischen den „Fremdblütigen" und der deutschen Bevölkerung zu verhindern. In seltenen Fällen kam es zu gemeinsamen Veranstaltungen außerhalb der Lagerzäune, wie die Ankündigung einer „geschlossenen" Theatervorstellung für die „Gefolgschaftsmitglieder" von Harkort-Eicken in der Lokalpresse zeigt.[323] Dazu mußte die Genehmigung der Gestapo eingeholt werden, die eine gesonderte Plazierung mit ausreichendem Abstand zwischen Deutschen und Ausländern zur Auflage machte. Alleiniges Ziel dieser Veranstaltungen war die Steigerung der Arbeitsleistung, die man sich durch die Zufriedenheit der Ausländer erhoffte. In diesem Rahmen machte die Gestapo Hagen weitreichende Zugeständnisse, indem sie ausdrücklich die französischen Feierlichkeiten zum Ende des 1. Weltkrieges tolerierte.[324] In

---

320 Vgl. StadtA Hagen, Erlebnisbericht des ehem. Zwangsarbeiters Piotr S. in einem Schreiben an das Stadtarchiv Hagen, v. 16.02.2001.
321 StadtA Halver, K III/9 1940-1943, Bd.1: Geheime Staatspolizei-Staatspolizeistelle Dortmund an alle Betriebe mit Ostarbeitereinsatz im Regierungsbezirk Arnsberg, betr. 2. Nachtrag zur Vorschrift vom 13.6.1942 über die Behandlung von Ostarbeitern, v. 16.11.1942, S. 2.
322 StadtA Hagen, K III/9 1943-1945, Bd.9: Geheime Staatspolizei-Staatspolizeistelle Dortmund, Rundverfügung, betr. Betreuung und Freizeitgestaltung ausländischer Arbeiter, v. 2.11.1943.
323 StadtA Hagen, Zeitungssammlung: „Westfälische Landeszeitung – Rote Erde" v. 11./12.3.1944.
324 StadtA Halver, K III/9 1943-1944, Bd. 9: Schreiben der Gestapo-Außenstelle Hagen, betr. Feier des Waffenstillstandsvertrages (11.November), v. 6.11.1943.

seltenen Fällen wurde den „Ostarbeitern" Ausgang unter Bewachung gewährt. Als „Ausgehzeiten" wurden beispielweise im benachbarten Landkreis wöchentlich 3 Stunden festgelegt. Es ist anzunehmen, daß in Hagen eine ähnliche Regelung bestand.[325]

Den Berichten ehemaliger Hagener Zwangsarbeiter ist zu entnehmen, daß diesen Ausgängen hohe Bedeutung beigemessen wurde, boten sie doch – neben der Möglichkeit, notwendige Nahrungsmittel zu beschaffen – die Gelegenheit, dem stupiden Lageralltag für einige Stunden entfliehen zu können.[326]

7.5 Luftschutz

Der Schutz vor den zunehmenden Luftangriffen der Alliierten wurde zu einem immer wichtigeren Überlebensfaktor für die ausländischen Arbeitskräfte im Deutschen Reich. Selbst in diesem Bereich achtete das NS-Regime auf eine deutliche Differenzierung zwischen Deutschen und den einzelnen Ausländergruppen. So war den „Ostarbeitern" in der Regel der Schutz der öffentlichen Bunker, an deren Errichtung sie nicht selten mitgewirkt hatten, verwehrt. Aber auch die „Westarbeiter" durften den Bunker erst betreten, wenn alle Deutschen in Sicherheit waren und noch Kapazitäten vorhanden waren.[327] Selbst innerhalb der Bunker sollte möglichst eine räumliche Trennung zwischen Deutschen und Ausländern erfolgen, nötigenfalls sollten spezielle Räumlichkeiten abgetrennt werden.[328] Der Grund dafür lag wahrscheinlich in der Sorge der Nationalsozialisten, daß es in den beengten Verhältnissen und unter den Anspannungen und Ängsten der Bombenagriffe zu Solidarisierungen zwischen den „fremdvölkischen Arbeitern" und den Deutschen kommen könnte. Wobei es wahrscheinlich erscheint, daß die Luftschutzwarte angesichts dieser Problematik eher den Zugang verweigert haben, als extra spezielle Räumlichkeiten für die Ausländer zu schaffen.

---

325 StadtA Halver, K III/9 1943-1945, Bd.9: Der Landrat des Kreises Altena, betr. Ausgehzeiten für Ostarbeiter, v. 29.3.1943.
326 StadtA Hagen, Quellensammlung Zwangsarbeit: Erlebnisbericht des ehem. Zwangsarbeiters Jurij W. in einem Schreiben an das Stadtarchiv Hagen, v. 12.12.2001, S. 7.
327 Spoerer, Zwangsarbeit, S. 143.
328 StadtA Halver, K III/9 1940-1943, Bd.1: Der Reichsminister der Luftfahrt und Oberbefehlshaber der Luftwaffe an das Luftgaukommando VI, betr. Getrennte Unterbringung von ausländischen und staatenlosen Arbeitern und Kriegsgefangenen bei Fliegeralarm, v. 6.2.1942.

Somit waren die Zwangsarbeiter den Bombenangriffen in stärkerem Maße ausgesetzt als die deutsche Bevölkerung. Eine zusätzliche Gefährdung ergab sich daraus, daß die meisten Lager in unmittelbarer Nähe der Industriebetriebe – und damit der bevorzugten Ziele der angloamerikanischen Bomber – lagen. Die Berichte und Mitteilungen der Luftschutzreviere belegen, daß die Unterkünfte der ausländischen Arbeitskräfte häufig besonders schwer getroffen wurden.[329] Folglich blieb der einzige Schutz für die meisten Zwangsarbeiter der Splitterschutzgraben. Diese Gräben waren mannshoch und mit Holz ausgekleidet, boten jedoch nur gegen Bombensplitter einen gewissen Schutz, da eine Bombe, die in der Nähe einschlug, die Gräben zum Einsturz brachte und die Erdmassen die Schutzsuchenden erdrückten.[330] Einige Lager jedoch waren nicht einmal mit diesen primitiven Schutzmöglichkeiten ausgestattet[331], so daß den Arbeitern nur das Verharren in ihren Baracken übrig blieb. Vielfach wurden die Luftangriffe auch zur Flucht genutzt oder, um sich lebensnotwendige Lebensmittel zu stehlen, wobei es hierbei häufig zu Todesfällen kam.[332] Welche massiven und traumatisierenden Todesängste die Menschen in ihren Gräben ertragen mußten, beschreibt der italienische Pater Barbero in seinen Erinnerungen:

> „Im Splitterschutz, das Gesicht zur Erde niedergeworfen, mit rasendem Herzen, den Mund ausgetrocknet von Pulver, Schwefel und Kohlendioxid, erwarten wir jeden Moment die Bombe, die uns treffen muß (sic!), ja man wünscht sie fast herbei: Und das ist das Schrecklichste."[333]

Wie viele Zwangsarbeiter genau den Luftangriffen auf Hagen zum Opfer gefallen sind, läßt sich nicht mit Sicherheit bestimmen. Doch das Beispiel des Angriffs vom 2. Dezember 1944 zeigt, daß es hier überproportionale Verluste gab: von den 583 Toten und 1.085 Verletzten des Luftangriffs waren 100 Tote und 88 Verwundete Ausländer.[334] Im Herbst 1942 wurden reichsweit 25.000 russische Kriegsgefangene zur Verwendung als

---

329 StadtA Hagen, Bestand Hagen I, Akte 7745: Prüfungsbericht des Rüstungskommandos Dortmund des Reichsministers für Rüstung und Kriegsproduktion, betr. Schmiedag AG Hagen, v. 15.12.1944.
330 Barbero, Drahtverhau, S. 78.
331 StadtA Halver, K III/9 1943-1944, Bd.6: Bericht über die Besichtigung des von der Deutschen Reichsbahn in Hagen-Delstern errichteten Russenlager, v. 17.11.1942.
332 StadtA Hagen, Bestand Hagen I, Akte 7745: Schreiben des Werkschutzleiters der Dolomitwerke in Hagen-Halden, betr. Bombenschäden, v. 3.12.1944.
333 Barbero, Drahtverhau, S. 78.
334 StadtA Hagen, Bestand Hagen I, Akte 7745: Luftschutzbericht über den Angriff v. 2.12.1944, o.D.

Flakhelfer in der Luftabwehr vorgesehen.³³⁵ Hier sollten sie vor allem für schwere körperliche Arbeiten, wie den Munitionstransport, eingesetzt werden. Auch in einer Hagener Flakbatterie kamen im Sommer 1943 sowjetische Kriegsgefangene zum Einsatz.³³⁶

7.6 Hygiene und medizinische Versorgung

Eine der größten Sorgen, der mit dem „Reichseinsatz" betrauten Behörden, war die Sorge vor der Verschleppung von Seuchen durch den Masseneinsatz osteuropäischer Arbeitskräfte im Deutschen Reich. Daß diese Sorge nicht unbegründet war, zeigt der Ausbruch von Typhus in einem Lager für sowjetische Kriegsgefangene zu Beginn des Jahres 1942.³³⁷ Dies ist nicht verwunderlich, bedenkt man die auszehrende Gefangenschaft und die katastrophalen hygienischen Bedingungen auf dem langen Transport ins Reich. Um die deutsche Bevölkerung vor den Seuchen zu schützen, mußten sich die neuangekommenen „Ostarbeiter" einer entwürdigenden Entlausungsprozedur unterziehen. Die völlig unzureichenden sanitären und hygienischen Verhältnisse in den Lagern förderten die schnelle Verbreitung von Läusen und Krankheiten. Viele der Zwangsarbeiter erkrankten an Gelbsucht oder wurden von juckenden Hautekzemen geplagt.³³⁸ Die Konsequenzen eines Ausbruchs von Seuchen in den überbelegten Lagern waren verheerend: Bei einem Ausbruch von Flecktyphus in einem Lager für sowjetische Kriegsgefangene im Januar 1942 starben über 40% der Insassen.³³⁹ Eine besondere Gefahr ging von der Tuberkulose aus, die bei den durch chronische Mangelernährung geschwächten „Ostarbeitern" in Hagen zur häufigsten Todesursache zählte.³⁴⁰ Für die mangelhafte Hygiene war nicht – wie häufig von

---

335 StadtA Hagen, Quellensammlung Zwangsarbeit: BA-MA, RW 21-14/12, Bl. 64, Kriegstagebuch des Rüstungskommandos Dortmund, 4.Quartal 1942.
336 Vgl. Sollbach, Gerhard E. (Hrsg.): Hagen 1939-1948. Kriegsjahre und Nachkriegszeit. Hagen 1995³, S. 95, Abb. 44, (Hagener Stadtgeschichte(n); Bd. 4).
337 StadtA Hagen, Quellensammlung Zwangsarbeit: BA-MA, RW 21-14/9, Bl. 23, Kriegstagebuch des Rüstungskommandos Dortmund, 1.Quartal 1942.
338 StadtA Hagen, Quellensammlung Zwangsarbeit: Erlebnisbericht des ehem. Zwangsarbeiters W.K. Migal in einem Schreiben an das Stadtarchiv Hagen, v. 20.09.2001, S. 1.
339 StadtA Hagen, Quellensammlung Zwangsarbeit: BA-MA, RW 21-14/9, Bl. 23, Kriegstagebuch des Rüstungskommandos Dortmund, 1.Quartal 1942.
340 Sofern eine „natürliche" Todesursache im Bestand der Zwangsarbeiter-Datei angeben wurde, ist dies in den meisten Fällen Lungentuberkulose. In etwa dürfte die Krankheit unter den Ostarbeitern so viele Opfer gefordert haben wie die alliierten Luftangriffe.

den Deutschen behauptet – die fehlende Bereitschaft der „Russischen Schweine" verantwortlich, sondern der Mangel an geeigneten Waschgelegenheiten und Hygieneartikeln.[341] Der an die Rassenskala angepaßte Versorgungsgrad bewirkte hier eine „self-fullfilling prophecy": Nach wenigen Wochen sahen die „slawischen Untermenschen" tatsächlich so verdreckt und verwahrlost aus, wie es die NS-Propaganda behauptete.[342]

Obgleich die ausländischen Arbeitskräfte sozial- und krankenversicherungspflichtig waren, war ihre medizinische Versorgung sehr dürftig. Es lag im Ermessen der Krankenkasse, ob und wie weit Unterstützung gewährt wurde. Bei voraussichtlich längerer Krankheitsdauer wurde dies meist abgelehnt. Die „Ostarbeiter" waren explizit ausgenommen, so daß ihnen ein Anspruch verweigert wurde.[343] Wenn überhaupt, wurden sie innerhalb der Lager nur dürftig behandelt. Über den Zustand dieser „Krankenstuben" schreibt Pater Barbero:

> „ [...] sie schliefen auf Pritschen oder Holzgerüsten, sehr oft zu zweit auf einem Lager, und besaßen nur zwei leichte Felddecken pro Kopf, um sich vor der Kälte zu schützen. Die Verpflegung war die gleiche [...] aber mit dem Unterschied, daß sie hier nicht arbeiteten und ihnen nur eine Ration am Tage zustand."[344]

Die Behandlung übernahmen sogenannte „Ostärzte", also russische oder polnische Ärzte, seltener deutsche Ärzte. In vielen Lagerstätten stand ein Arzt nicht zur Verfügung und die dürftigen Therapieversuche mußten von Heilgehilfen oder Sanitätern übernommen werden. In den Fällen, wo keine Krankenquartiere vorhanden waren, bestand in Ausnahmefällen die Möglichkeit, eine Arztpraxis aufzusuchen. Aber auch hier sollte der Kontakt zu den Deutschen auf ein Mindestmaß beschränkt bleiben, so daß die Untersuchung nur außerhalb der normalen Sprechzeiten durchgeführt wurde.[345]

Sofern eine stationäre Behandlung in einem Krankenhaus notwendig wurde, wovon die „Ostarbeiter" prinzipiell ausgenommen waren, wurden die ausländischen Arbeitskräfte streng separiert. Auch in diesem

---

341 National Archives, Washington, D.C., RG 243:92e-24: Protokoll der Deutschen Arbeitsfront, Kreiswaltung Hagen, v. 1.2.1944 über die Besichtigung des Gemeinschaftslagers der AFA, in: URL: http://www.hco.hagen.de/zwangsarbeit/edition/daf440201v.html, (Stand: 19.11.2002).
342 Spoerer, Zwangsarbeit, S. 139.
343 Spoerer, Zwangsarbeit, S. 140f.
344 Barbero, Drahtverhau, S. 41.
345 StadtA Halver, K III/9 1940-1943, Bd.1: Dienstanweisung für die Lagerärzte in den Lagern für die Arbeitskräfte aus dem Osten und Südosten, o.D. [1940-1943].

Lebensbereich sollte die rassische Rangfolge gewahrt bleiben, da die gemeinsame Unterbringung von Kriegsgefangenen oder Zivilarbeitern mit Deutschen

> „[...] dem gesunden Volksempfinden widerspricht, das in einer derartigen Maßnahme eine unbillige Gleichstellung erkrankter deutscher Volksgenossen mit Angehörigen der Feindstaaten bzw. den kulturell tiefer stehenden polnischen Arbeitern erblickt."[346]

Hier zeigt sich, daß auch in diesem Bereich die „Rassentrennung" der Nationalsozialisten konsequent durchgesetzt wurde. Einer besonderen Gefährdung waren schwangere Ostarbeiterinnen ausgesetzt, da sie ihre Kinder in der Regel nicht im Krankenhaus entbinden durften. Vielmehr mußte die Niederkunft im Krankenquartier der Lager oder in der jeweiligen Unterkunft erfolgen. Eine Aufnahme in ein Krankenhaus erfolgte nur

> „[...] bei der Notwendigkeit, für die Ausbildung von Studenten oder Hebammen-Schülerinnen das Untersuchungsgut zu schaffen"[347]

Auch hier erfolgte eine Unterbringung strikt getrennt von den deutschen Frauen. Bei ca. 20 bis 30% der Schwangeren wurden zwangsweise auf Anweisung der Gestapo von deutschen Ärzten Abbrüche vorgenommen, parallel dazu errichtete das LAA Westfalen-Lippe in Waltrop-Holthausen ein für die gesamte Provinz Westfalen zuständiges Entbindungs- und Abtreibungslager. Über 2000 Frauen wurden dort zur Abtreibung gezwungen, über 600 Kinder fielen den Selektionen der SS zum Opfer.[348] Als Folge der miserablen Bedingungen starben viele Säuglinge schon kurz nach der Geburt.[349]

---

346 StadtA Halver, K III/9 1940-1943, Bd. 1: Der Regierungspräsident in Arnsberg an die hauptamtl. Bürgermeister, betr. Behandlung von Angehörigen der Feindstaaten und polnischen Arbeitern in den Krankenanstalten, v. 27.1.1941.
347 StadtA Halver, K III/9 1943-1945, Bd.9: Rundschreiben der Geheimen Staatspolizei-Staatspolizeistelle Dortmund, betr. Behandlung schwangerer ausländischer Arbeiterinnen und der im Bereich von ausländischen Arbeiterinnen geborenen Kindern, v. 18.9.1943. S. 3.
348 Vgl. Schwarze, Gisela: Ostarbeiterinnen und ihre Kinder, 2000, in: URL: http://www.geschichtskultur-ruhr.de/archiv/essen001103/schwarze.pdf, (Stand: 21.11.2002).
349 Ein Beispiel ist Iwan T., der einen Tag nach seiner Geburt verstarb. StadtA Hagen, Quellensammlung Zwangsarbeit: Hausbuch „Schwanenstr.18 (Russenlager)".

Nur Kinder

„[...] die als Träger zum Teil deutschen und stammesgleichen Blutes sind und als wertvoll angesehen werden können [...]"[350]

wurden nach einer „erbgesundheitlichen und rassischen Untersuchung" durch das Gesundheitsamt im Sinne der Nationalsozialisten als „deutsche Kinder" erzogen.[351] Die übrigen wurden in sogenannte „Ausländerkinder-Pflegestätten" gebracht, wo viele von ihnen an den menschenverachtenden Bedingungen verstarben. Ein ähnliches Schicksal erlitten seit dem Sommer 1944 chronisch kranke „Ostarbeiter" und Polen, viele von ihnen wurden auf Anordnung Sauckels ermordet oder in „Sonderlagern" dem Hungertod ausgesetzt.[352]

---

350 StadtA Halver, K III/9 1943-1945, Bd.9: Rundschreiben der Geheimen Staatspolizei-Staatspolizeistelle Dortmund, betr. Behandlung schwangerer ausländischer Arbeiterinnen und der im Bereich von ausländischen Arbeiterinnen geborenen Kindern, v. 18.9.1943. S. 3.
351 StadtA Halver, K III/9 1943-1945, Bd.9: Rundschreiben der Geheimen Staatspolizei-Staatspolizeistelle Dortmund, betr. Behandlung schwangerer ausländischer Arbeiterinnen und der im Bereich von ausländischen Arbeiterinnen geborenen Kindern, v. 18.9.1943. S. 4.
352 Spoerer, Zwangsarbeit, S. 141f.

8. Strafsystem, Repression und Terror

8.1 Betriebliche und staatspolizeiliche Disziplinierung

Die Behandlung der ausländischen Arbeitskräfte durch die Behörden und Parteistellen war von zwei Merkmalen geprägt. Zum einen durch die Betrachtung der Sicherheitsorgane als Bedrohung für die Sicherheit und Ordnung im Reich und zum anderen durch die Einteilung nach rassistischen Kriterien. Den Widerspruch zwischen dem Interesse an einer höchstmöglichen Ausnutzung der Arbeitskraft und den weltanschaulichen Prinzipien versuchte man, durch ein rigoroses Strafsystem gegenüber den Ausländern zu lösen. Umfangreiche Erlasse sollten ein repressives System zur Behandlung und Bestrafung garantieren, das zum Ziel hatte, einen Schutz vor den „blutlichen Gefahren" durch die „fremdvölkischen" Arbeitskräfte zu bieten und ihre Arbeitsleistung zu maximieren.[353] Die staatlich verordnete Repression sollte durch strenge sicherheitspolizeiliche Überwachung erfolgen, in der die Geheime Staatspolizei eine folgenschwere Funktion einnahm. Für den lokal untersuchten Bereich lassen sich tendenziell zwei Phasen unterscheiden. In den ersten Jahren lag der Schwerpunkt der Bestrafung und Kontrolle bei den einzelnen Unternehmen. Nur bei besonderen Straftatbeständen, wie Raub, Mord oder den sogenannten „GV-Verbrechen", der sexuelle Kontakt zwischen Ausländern und Deutschen, wurde die Gestapo eingeschaltet.[354] Bei „leichteren Verstößen" wie „lässiges Arbeiten", „Arbeitsverweigerung" oder „Disziplinlosigkeit" stand den Wachmännern und Lagerleitern ein umfangreicher Katalog an „erzieherischen Maßnahmen"[355] zur Verfügung. Diese umfaßten im einzelnen:

„1.) Ordnungsübungen nach Beendigung der Arbeitszeit,
2.) Zuteilung zum Straftrupp,
3.) Entziehung der warmen Tagesverpflegung bis zu drei Tagen die Woche,
4.) Arrest auf die Dauer von höchstens drei Tagen."[356]

---

353 Schmid, Staatspolizei, S. 30.
354 StadtA Halver, K III/9 1940-1943, Bd.1: Rundschreiben der Geheimen Staatspolizei-Staatspolizeistelle Dortmund, betr. Vorschrift für die Behandlung und den Arbeitseinsatz der Arbeitskräfte aus dem altsowjetischen Gebiet, v. 13.6.1942, S. 9f.
355 StadtA Hagen, SamHa 20, fol.3: Rundschreiben des Stalags VI-D (Dortmund), betr. Steigerung der Arbeitsleistungen der Kriegsgefangenen, v. 15.9.1943.
356 StadtA Halver, K III/9, 1940-1943, Bd.1: Geheime Staatspolizei - Staatspolizeistelle Dortmund, Anweisung für Wachmänner § 9, o.D. [1940-1943].

Der Entzug der Verpflegung hatte für die meisten der unterernährten „Ostarbeiter" häufig tödliche Folgen, sofern sie keine Unterstützung durch andere Arbeiter bekamen. Auch die Arreststrafe war besonders im Winter tödlich: die engen Betonzellen ließen keine Bewegung zu und der „Entzug des Bettlagers" bedeutete, daß den Häftlingen nur ihre zerrissene Kleidung blieben, um sich gegen den Kältetod zu schützen. Die Zeitzeugenberichte über heimlich eingeschmuggelte Decken zeigen, wie wichtig auch hier die Solidarität durch die Leidensgenossen war.[357] Neben den beschriebenen Strafen waren generell zur „Brechung akuten Widerstandes" „körperliche Einwirkungen auf die Arbeitskräfte" erlaubt.[358] Dies bedeutete in der Praxis einen regelrechten Freibrief für Gewaltexzesse durch das Bewachungspersonal. Die verschiedenen - häufig völlig willkürlichen - Ausschreitungen der Wachleute haben in den Überlieferungen der Zeitzeugen einen wichtigen Stellenwert, was von der alltäglichen Brutalität am Arbeitsplatz und in den Lagern zeugt. Gerade hier wurde der bestehende Handlungsspielraum allzu häufig zum Nachteil der osteuropäischen Arbeitskräfte genutzt.

Die Kriegsgefangenen der verschiedenen Nationen unterlagen generell einer militärischen Gerichts- und Disziplinierungsinstanz und waren somit bei Verfehlungen dem zuständigen Stammlager bzw. Arbeitskommando zu überstellen. In der Praxis wird dies meist nur eine Verlagerung der Gewalt bedeutet haben, da die Vorarbeiter in den Firmen die Gefangenen mit entsprechenden Anfragen überstellten, wie ein Brief der Firma Krampe in Hagen belegt, die darum bat,

„[...] den Kriegsgefangenen einmal entsprechend ausrichten zu wollen."[359]

Bemerkenswert ist hier, daß die Arbeitskräfte der Rechtsprechung völlig entzogen wurden und den Firmen durch die Gestapo weitreichende Vollmachten in der Bestrafung erteilt wurden. Allenfalls bei schweren Verstößen konnten die Zwangsarbeiter auf einen Prozeß vor einem Ge-

---

357 StadtA Hagen, Quellensammlung Zwangsarbeit: Erlebnisbericht des ehem. Zwangsarbeiters Jurij W. in einem Schreiben an das Stadtarchiv Hagen, v. 12.12.2001, S. 10.
358 StadtA Halver, K III/9 1940-1943, Bd.1: Rundschreiben der Geheimen Staatspolizei-Staatspolizeistelle Dortmund, betr. Vorschrift für die Behandlung und den Arbeitseinsatz der Arbeitskräfte aus dem altsowjetischen Gebiet, v. 13.6.1942.
359 StadtA Hagen, SamHa 20, fol. 14: Schreiben der Fa. Krampe an das Kriegsgefangenlager Rummenohl, v. 18.05.1944.

richt hoffen, das allerdings häufig weit höhere Strafen verhängte.[360] Dies traf jedoch ausdrücklich nicht auf die entrechteten „Ostarbeiter" zu. Dazu hieß es:

> „Gegen die sowjetrussischen Kriegsgefangenen finden [...] nur staatspolizeiliche Maßnahmen Anwendung. Eine Aburteilung durch deutsche Gerichte kommt nicht in Frage."[361]

Die im Verlauf des Jahres 1942 steigende Zahl sowjetischer Arbeitskräfte scheint die sicherheitspolizeilichen Organe in Hagen in den Fragen der „Gefahrenabwehr" stark in Anspruch genommen zu haben. Im Sommer delegierte die Staatspolizeistelle Dortmund umfassende Aufgaben zur Überwachung der „Russenlager" an die örtlichen Polizeibehörden und beschränkte sich auf die „Vorkommnisse von besonderer Wichtigkeit", wozu sie primär Verstöße gegen das „Umgangsverbot" zählten.[362] Der genaue Grund läßt sich nicht mit Sicherheit rekonstruieren, aber es erscheint wahrscheinlich, daß die dünne Personaldecke der Gestapo[363] durch die steigenden „staatspolizeilichen Aufgaben" zusätzlich belastet wurde. Eines der Hauptprobleme wurde die steigende Fluchtzahl der Zwangsarbeiter, die aus den unerträglichen Lebens- und Arbeitsbedingungen resultierte. Die Verantwortung für die Ahndung dieser Vergehen lag zunächst ebenfalls bei den Betrieben. Ausnahmen bildeten nur Fälle von mehrfacher Wiederholung. Wiederergriffene Arbeitskräfte sollten an ihren Arbeitsplatz zurückgeführt werden, um dort „aus erzieherischen Gründen und zur Abschreckung der übrigen russischen Arbeiter" bestraft zu werden.[364] Welche erbarmungslosen Ausmaße dies erreichen konnte, beschreibt ein Augenzeuge:

> „Abends, als wir von der Arbeit kamen, hat er alle im Kreis aufgestellt, dem Flüchtling die Sachen vom Leib gerissen, so daß er

---

360 Hier das Beispiel eines Polen, der für Diebstahl zu drei Monaten „Straflager" verurteilt wurde, vgl. StadtA Hagen, Zeitungssammlung: „Hagener Zeitung" v. 22.2.1943.
361 StadtA Halver, K III/9 1943-1945, Bd.9: Rundschreiben der Geheimen Staatspolizei-Staatspolizeistelle Dortmund, betr. Staatspolizeiliche Maßnahmen gegen sowjetrussische Kriegsgefangene, v. 22.4.1943.
362 StadtA Halver, K III/9 1940-1943, Bd.1: Rundschreiben der Geheimen Staatspolizei-Staatspolizeistelle Dortmund, betr. Behandlung und Arbeitseinsatz der Arbeitskräfte aus dem altsowjetischen Gebiet im Reich, v. 30.7.1942, S. 2.
363 Vgl. Heusler, Andreas: Prävention durch Terror. Die Gestapo und die Kontrolle der ausländischen Zwangsarbeiter am Beispiel München, in: Paul, Gerhard, Mallmann, Klaus-Michael (Hrsg.): Die Gestapo im Zweiten Weltkrieg. „Heimatfront" und besetztes Europa, Darmstadt 2000, S. 222-236, hier S. 236.
364 StadtA Halver, K III/9 1940-1943, Bd.1: Rundschreiben der Geheimen Staatspolizei- Staatspolizeistelle Dortmund, betr. Flüchtige sowjetische Zivilarbeiter, v. 29.6.1942.

> nackt war, dann ihn auf eine lange Bank gelegt, auf die Beine von dem Jungen setzte sich ein Wachmann, Günter setzte sich auf seinen Kopf und begann das arme Opfer brutal mit seiner Gummipeitsche und einem Stock zu schlagen. Er schlug so lange, bis das Blut in alle Richtungen spritzte. Uns hat er befohlen hinzuschauen. Von den zerreißenden Schreien des Jungen sind einige Frauen zusammengebrochen und ohnmächtig geworden."[365]

Alternativ zu der Bestrafung durch Unternehmen, konnte diese bei kleineren Betrieben auch unter Aufsicht der Ortspolizeibehörden geschehen, die damit endgültig in das System der Unterdrückung integriert wurden.[366] Es ist auffallend, daß im Schriftverkehr der Sicherheitsbehörden nur von „schärfsten Warnungen"[367] die Rede ist, wobei aus dem Kontext deutlich wird, daß damit Prügelstrafen gemeint sind, da diese „verschärften Warnungen" nach Möglichkeit durch andere Lagerinsassen zu vollziehen seien. Dies ist Ausdruck eines Ermessensspielraumes, der in der Strafdurchführung den Unternehmen und Polizeibehörden zugestanden wurde und der deutlich macht, daß insbesondere die Gruppe der „Ostarbeiter" der Willkür der lokalen Mächtegruppen völlig ausgeliefert war. Neben diesen Formen der Bestrafung und des Terrors gab es viele Betriebe, die völlig darauf verzichteten. In einem Rundschreiben vom November 1942 beklagt die Gestapo die fehlende Bereitschaft der „Betriebsführer", die Flüchtlinge zu bestrafen.[368] Die Betriebe begründeten dies gegenüber den Sicherheitsbehörden mit dem Fehlen von „Arrestzellen" und moralischen Bedenken. Wahrscheinlicher erscheint aber, daß die Betriebe so hofften, die Fluchtzahlen zu senken und mit einer besseren Behandlung die Arbeitskraft der Ausländer zu erhalten.

Dies ist ein weiteres Beispiel für den sich verschärfenden Konflikt zwischen dem „Primat der Politik" und dem „Primat der Wirtschaft". In diesem Streit konnte das RSHA seine Zugeständnisse an den „Primat der Arbeitsleistung" mit weitreichenden Kompetenzgewinnen bezüglich der „Fremdarbeiter" kompensieren. Damit wurden die Zuständigkeiten der Gestapo über den Bereich der Exekutive hinaus auf den jurisdiktionellen Bereich ausgeweitet. Die Grundlage für diesen Machtzuwachs war eine

---

365 StadtA Hagen, Quellensammlung Zwangsarbeit: Erlebnisbericht des ehem. Zwangsarbeiters Jurij W. in einem Schreiben an das Stadtarchiv Hagen, v. 12.12.2001, S. 6.
366 StadtA Halver, K III/9 1940-1943, Bd.1: Rundschreiben der Geheimen Staatspolizei-Staatspolizeistelle Dortmund, betr. Behandlung der Arbeitskräfte aus dem altsowjetischen Gebiet, v. 3.11.1942.
367 Ebd.
368 Ebd.

Vereinbarung vom 30. Juni 1943 zwischen dem Justizminister Thierack und dem Reichsführer SS Heinrich Himmler, die die Zuständigkeit für die Strafverfolgung gegenüber ganzen Gruppen von Zwangsarbeitern[369] in das Ressort des RSHA verlagerte.[370] Diese Zäsur markiert auch für Hagen den Beginn einer zweiten Phase. Bereits zu Beginn des Jahres ordnete die Gestapo in Hagen an, daß flüchtige Zivilarbeiter, die gefaßt werden, in das Polizeigefängnis nach Hagen überführt werden und nicht wie bisher den Betrieben erneut zugeteilt werden.[371] Bezeichnend an diesem Dokument ist, daß auch Franzosen, Belgier und Holländer von dieser Regelung betroffen waren, die bisher auf Grund ihrer „germanischen Rassenzugehörigkeit" in dieser Form nicht vom nationalsozialistischen Repressionsapparat betroffen waren. Diese Maßnahme wurde explizit ohne Verständigung mit dem Arbeitsamt getroffen und war streng vertraulich. Das Ziel war es, „[...] die Festgenommenen in ein Konzentrationslager einzuliefern."[372] Die Bestrafung von „Arbeitsvertragsbrüchigen" erfolgte von nun an in zwei Stufen. Neben einer „Warnung" – die meist massive körperliche Züchtigung beinhaltete – oder einer kurzen Haft im Hagener Polizeigefängnis, wurde im wiederholten Falle die Einweisung in ein AEL oder KZ vorgenommen. Die Entscheidung darüber hing davon ab, ob „[...] der Ausländer bald wieder seinen Arbeitsplatz in der freien Wirtschaft füllen soll".[373] Es ist anzunehmen, daß besonders mehrfache Wiederholungstäter und kranke Ausländer in ein Konzentrationslager[374] abgeschoben wurden. Einzig gegenüber Norwegern, Dänen und den verbündeten Italienern übte die Gestapo noch etwas Zurückhaltung, für diese Ausländer war eine maximale Haftdauer von 3 Tagen mit anschließender Abschiebung in die Heimatländer vor-

---

369 Vor allen „Ostarbeiter" und Polen, aber auch Tschechen und „Zigeuner", vgl. Spoerer, Zwangsarbeit, S. 177f.
370 Thierack begründete diesen Schritt mit dem effizienteren Beitrag des RSHA zur Ausrottung dieser Gruppen, vgl. Schmid, Staatspolizei, S. 531.
371 StadtA Halver, K III/9 1940-1943, Bd.1: Fernspruch der Stapo-Außendienststelle Hagen, v. 9.1.1943.
372 Ebd.
373 StadtA Halver, K III/9 1940-1943, Bd.1: Rundbrief der Geheimen Staatspolizei-Staatspolizeistelle Dortmund, betr. Bekämpfung des Arbeitsvertragsbruchs ausl. Arbeitskräfte, v. 1.3.1943, S. 3.
374 Mindestens zwei aus Hagen deportierte Ausländer sind im KZ verstorben. Vgl. die Einträge von Josef B. und Ceslaus G. in: StadtA Hagen, Quellensammlung Zwangsarbeit: Hausbuch „Wasserstraße 10" und Hausbuch „Hohenlimburger Str. 6 und 6a, Steinbruch Dolomitwerke".

gesehen.[375] Einer der Hauptgründe für diese Maßnahmen war, daß die Sicherheitsbehörden so hofften, die massiv ansteigenden Fluchtzahlen einzudämmen. Einhergehend mit diesen Aktionen erfolgte auch eine Zunahme des Drucks auf die Unternehmer, die bei „Fluchtbegünstigung" mit empfindlichen Strafen zu rechnen hatten.[376]
Das endgültige Ende der gängigen Praxis der betriebsinternen Disziplinierung läßt sich aus einem Dokument vom September 1943 erkennen. Hier festigt die Gestapo die sukzessiv erfolgten Verschärfungen und legt fest, daß sämtliche „arbeitsvertragsbrüchige" Arbeitskräfte ausnahmslos in einem AEL oder „Auffanglager" zu inhaftieren sind. Ebenso wurde die Prämienzahlung an die Bevölkerung verstärkt und somit den Denunziationen Vorschub geleistet.[377] Diese Verfügung kennzeichnet einen zentralen Moment des „Fremdarbeitereinsatzes", da sich die Verantwortlichkeit von den Betrieben und Arbeitsämtern weitgehend zur Geheimen Staatspolizei verlagert. Trotz aller Anstrengungen gelang es den Sicherheitsbehörden nicht, die Fluchtzahlen entscheidend zu senken. So mußte die Gestapo in Dortmund einräumen, daß

> „[...] trotz Abschreckung, [...] die Fluchten der Ostarbeiter nicht in dem erhofften Masse ab[nehmen]."[378]

Im Gegenteil: Im Frühjahr 1944 sah sich die Gestapo gezwungen, auch die Fahndungsmaßnahmen gegen Belgiern, Franzosen und Holländern in den besetzten Ländern zu übernehmen, da viele der „Westarbeiter" nach dem Urlaub nicht an ihre Arbeitsplätze zurückkehrten.[379] Nach Auffassung der Gestapo hatten allein die Betriebe und die örtlichen Polizeibehörden Schuld an dieser Misere, da sie nicht konsequent genug in die „Arbeitserziehungslager" überstellen würden. Tatsächlich öffnet sich hier ein weiteres Konfliktfeld zwischen den Polizeibehörden und den Unternehmen. Diese verteidigten ihre Praxis der Wiederanstellung der

---

375 StadtA Halver, K III/9 1940-1943, Bd.1: Rundbrief der Geheimen Staatspolizei-Staatspolizeistelle Dortmund, betr. Bekämpfung des Arbeitsvertragsbruchs ausl. Arbeitskräfte, v. 1.3.1943, S. 4.
376 StadtA Hagen, SamHa 20, fol.23: Strafverfügung des Landesschutzbataillons 617, v. 14.1.1944.
377 StadtA Halver, K III/9 1943-1945, Bd.9: Rundverfügung der Geheimen Staatspolizei-Staatspolizeistelle Dortmund, betr. Bekämpfung des Arbeitsvertragsbruchs ausländischer Arbeitskräfte, v. 6.9.1943.
378 StadtA Halver, K III/9 1943-1945, Bd.9: Rundschreiben der Geheimen Staatspolizei-Staatspolizeistelle Dortmund, betr. Bekämpfung des Arbeitsvertragsbruchs ausländischer Arbeitskräfte, v. 29.2.1944.
379 StadtA Halver, K III/9 1943-1945, Bd.9: Rundschreiben der Geheimen Staatspolizei-Staatspolizeistelle Dortmund, betr. Rückführung arbeitsvertragsbrüchiger Arbeitskräfte aus Belgien und den Niederlanden, v. 4.4.1944.

Flüchtigen mit dem enormen Bedarf an Arbeitskräften und argumentierten:

> „Flüchtige Ostarbeiter werden mal aufgegriffen und in den seltensten Fällen an den alten Arbeitsplatz zurückgeführt. Sie wandern alle in ein Arbeitserziehungs- oder Konzentrationslager."[380]

8.2 Arbeitserziehungslager

Eines der wichtigsten Repressionsinstrumente der Gestapo waren die seit 1941 eingerichteten Arbeitserziehungslager (AEL). Sie wurden auf Initiative regionaler Interessensallianzen zwischen Gestapo, Unternehmen und Kommunen gebildet, denen so ein Mittel gegen „arbeitsunwillige Bummelanten"[381] zur Verfügung stand. Ursprünglich in erster Linie für Deutsche eingerichtet, bildeten ab 1942 Ausländer den größten Anteil der AEL-Häftlinge.[382] Die steigenden Fluchtzahlen sorgten für einen Mangel an Haftraum in den bestehenden AEL und Polizeigefängnissen, so daß seit dem Herbst 1943 eine Reihe von betrieblichen und kommunalen Auffang- und Erziehungslagern gegründet wurden. Da die Berliner SS-Führung kein Interesse an einer Vereinheitlichung zeigte, firmierten diese „KZ der Gestapo" (Lofti) unter den verschiedensten Bezeichnungen.[383]

Auch in Hagen existierten verschiedene dieser Lagertypen. Neben dem bereits erwähnten kommunalen „Erweiterten Polizeigefängnis" bei der Feuerwehrgerätefabrik Meyer, wurde im Sommer 1943 ein weiteres „Auffanglager" in Hohenlimburg-Reh[384] eingerichtet, das ebenfalls in Kooperation mit der Stadtverwaltung betrieben wurde. Die hygienischen Verhältnisse in dem großen, unmöblierten Gasthaussaal waren völlig unzureichend, so daß unter den rund 80 inhaftierten „Ostarbeitern" im Dezember 1944 eine Fleckfieber-Epidemie ausbrach, die sich

---

380 StadtA Halver, K III/9 1943-1944, Bd.7: Schreiben der Geheimen Staatspolizei-Außendienststelle Hagen an den Landrat des Kreises Altena, v. 2.6.1944.
381 Lotfi, Gabriele: Stätten des Terrors. Die „Arbeitserziehungslager" der Gestapo, in: Paul, Gerhard, Mallmann, Klaus-Michael (Hrsg.): Die Gestapo im Zweiten Weltkrieg. „Heimatfront" und besetztes Europa, Darmstadt 2000, S.255-269, hier S. 256f (im folg. zit.: Lotfi, Stätten des Terrors).
382 Lotfi, Stätten des Terrors, S. 261.
383 Ebd., S. 269.
384 StadtA Halver, K III/9 1943-1945, Bd.9: Geheime Staatspolizei-Staatspolizeistelle Dortmund, Außenstelle Hagen an den Landrat in Altena, betr. Bekämpfung des Arbeitsvertragsbruchs ausländischer Arbeitskräfte, v. 14.9.1943.

auch auf das Stadtgelände ausbreiten konnte.[385] Bei den Klöcknerwerken in Hagen-Haspe waren gleich mehrere Gestapo-Lager vorhanden. Neben einem im September 1944 gegründeten Lager für „Ostarbeiterinnen"[386] und einem „Arbeitserziehungslager"[387], existierte dort auch ein „Straflager", in dem auch ca. 120 „Halbjuden", mehrheitlich Frauen und Jugendliche aus der Region, inhaftiert wurden.[388] Es ist wahrscheinlich, daß diese als „jüdisch-versippt" eingestuften Deutschen in den Klöckner-Werken arbeiten mußten, ein Teil von ihnen wurde im Januar 1945 zum OT-Einsatz nach Kassel gebracht.[389] Im Gegensatz zu den kommunalen Auffanglagern[390], war die Behandlung in dem der Gestapo unterstehenden Lagern bei den Klöckner-Werken brutal und menschenverachtend. Das „AEL-Klöcknerwerk" wurde im Spätsommer 1943 als eines der ersten „Erziehungslager" im rheinisch-westfälischen Industrierevier gegründet. Über die Haftbedingungen schreibt ein ehemaliger Häftling:

> „Die Lebensbedingungen der Inhaftierten in diesem Lager unterschieden sich kaum von denen im Konzentrationslager. [...] Alle möglichen Exekutionen wurden wöchentlich durchgeführt. [...] Die gewöhnliche Dauer des Aufenthaltes in diesem Lager wurde auf 21 Tage begrenzt. [...] Meine Inhaftierungszeit waren schon vorbei, aber ich war noch nicht frei gekommen."[391]

Diese Schilderungen zeigen, daß die Bedingungen im Lager denen eines Konzentrationslagers durchaus entsprachen. Die Häftlinge mußten bis zu 14 Stunden am Tag arbeiten und erhielten so wenig Verpflegung, daß sie hungerten und entsetzlich abmagerten.[392] Die im Regelfall auf 21 Ta-

---

385 StadtA Hagen, Bestand Hohenlimburg, Akte 33: Protokoll der Sitzung der Gemeinderäte in Hohenlimburg v. 3.3.1944.
386 StadtA Halver, K III/9, Bd.9: Rundschreiben der Geheimen Staatspolizei- Staatspolizeistelle Dortmund, betr. Auffanglanger für Ostarbeiterinnen, v. 14.9.1944.
387 StadtA Halver, K III/9 1943-1945, Bd.9: Geheime Staatspolizei- Staatspolizeistelle Dortmund, Außenstelle Hagen an den Landrat in Altena, betr. Bekämpfung des Arbeitsvertragsbruchs ausländischer Arbeitskräfte, v. 14.9.1943.
388 Lotfi, Gabriele: KZ der Gestapo. Arbeitserziehungslager im Dritten Reich, Stuttgart, München 2000, S. 292 (im folg. zit.: Lotfi, Gestapo).
389 Lotfi, Gestapo, S. 291.
390 Aus den kommunalen „Auffanglagern" sind keine Verletzten oder Toten überliefert, die Bewachung scheint eher nachlässig gewesen zu sein, vgl. ebd., S. 246.
391 StadtA Hagen, Quellensammlung Zwangsarbeit: Erlebnisbericht des ehem. Zwangsarbeiters W. K. Migal in einem Schreiben an das Stadtarchiv Hagen, v. 20.9.2001, S. 6.
392 Lotfi, Stätten des Terrors, S. 264.

ge festgelegte Haftdauer wurde in der Praxis nicht selten auf sechs Wochen und länger ausgedehnt.[393] Das Bewachungspersonal rekrutierte sich aus Werkschutzleuten der Klöckner-Werke und Gestapo Angehörigen.

Der Lagerleiter Ernst Finger fiel besonders durch seinen sadistischen Umgang mit den überwiegend sowjetischen Lagerinsassen auf. In einem vom Januar 1945 überlieferten Fall mißhandelte er einen Häftling nach einem Fluchtversuch stundenlang, bevor er ihn erschoß. In der Häftlingskartei wurde der Mann als „auf der Flucht erschossen" registriert.[394] Die Todesraten der Insassen übertrafen teilweise die einiger KZs[395] und spontane Exekutionen gehörten zum bestialischen Alltag. Nirgendwo sonst im NS-Zwangsarbeitssystem offenbarte sich der brutale Terror gegenüber den ausländischen Arbeitskräften so deutlich und massiv wie in den AEL. Unter dem vom „sicherheitspolizeilichen" Einsatz aus Lemberg zurückgekehrten Hagener Gestapoangestellten und SS-Führer Walter Mülle wurde das Lager im Herbst 1944 vergrößert, um seine Aufnahmekapazität zu erhöhen.[396]

Es wandelte sich in ein regionales Verfolgungsinstrument, das ein erhebliches Bedrohungspotential gegenüber den im „Reichseinsatz" arbeitenden Ausländern ausübte. So wurden die weit gefaßten Haftgründe noch weiter ausgedehnt. Im Mai ordnete die Staatspolizeistelle Dortmund die Einweisung aller ausländischen Arbeitskräfte an, die ohne Ausweispapiere angetroffen wurden oder keine Angaben über ihren letzten Arbeitsplatz machen konnten.[397] Besonders letzteres dürfte – in Ermangelung ausreichender Sprachkenntnisse – oft als Haftgrund mißbraucht worden sein. In der letzten Kriegsphase brutalisierten sich die Verhältnisse im „AEL-Klöcknerwerk" noch weiter. So wurden teilweise Männer erschossen, die verlaust in das Lager kamen, da dort keine Möglichkeit zur Desinfektion bestand.[398]

---

393 Ebd., S. 259.
394 Vgl. Lotfi, Gestapo, S. 248.
395 Lotfi, Stätten des Terrors, S. 265.
396 Lotfi, Gestapo, S. 249f.
397 StadtA Halver, K III/9 1943-1945, Bd.9: Rundschreiben der Geheimen Staatspolizei-Staatspolizeistelle Dortmund, betr. Wiederergriffene arbeitsvertragsbrüchige Ausländer, deren Namen oder alter Betrieb nicht einwandfrei festgestellt werden kann, v. 19.5.1944.
398 Lotfi, Gestapo, S. 246.

Neben den willkürlichen Erschießungen, denen mindestens 27 Menschen[399] zum Opfer fielen, diente das Lager der Gestapo auch als Hinrichtungsstätte. Das „Arbeitserziehungslager" bei den Klöckner-Werken ist ein anschauliches Beispiel dafür, daß der staatspolizeiliche Terror gegenüber den Zwangsarbeitern trotz der massiven Luftkriegsschäden und den kriegsbedingten Beeinträchtigungen noch nahezu reibungslos funktionierte, als andere Bereiche der NS-Zwangsarbeit bereits unter den Bomben der Alliierten und dem Chaos der Auflösung zusammenbrachen.

---

399 Ebd., S. 245.

9. Die letzten Monate – Radikalisierung, Auflösung und Mord

Die Kriegsendphase – beginnend mit dem Überschreiten der Reichsgrenze durch die alliierten Truppen im Herbst 1944 – ist gekennzeichnet durch die ständigen Bombardierungen und dem zunehmenden Bewußtsein des Zusammenbruchs in der Bevölkerung. In dieser „Chaosgesellschaft" kam es zur Erosion der traditionellen Normen von gesellschaftlicher Integration und sozialer Kontrolle. Der NS-Maßnahmenstaat löste sich von seinen letzten Bindungen an rechtstaatliche Normen[400] und auch das System der NS-Zwangsarbeit befand sich in der Auflösung. Von diesen Auflösungserscheinungen waren die ausländischen Arbeitskräfte in besonderer Weise betroffen. Sie waren den pausenlosen Luftangriffen fast schutzlos ausgeliefert und die zunehmend schlechter werdende Versorgungslage traf sie am stärksten. Seit dem Herbst 1944 wurde die Zahl der unversorgten und obdachlosen Zwangsarbeiter immer größer, die – oft in Gruppen organisiert – versuchten, in den Ruinen der Städte zu überleben oder sich auf das Land durchzuschlagen.[401] Die Auswirkungen der schweren Luftangriffe und die desolate Energiesituation zwangen die Betriebe zunehmend, die Produktion einzustellen. Dazu kamen Anforderungen der Behörden, Arbeitskräfte in großer Zahl für „Schanzarbeiten" zu stellen.[402] Diese Anforderungen zu den Arbeiten am sogenannten „Westfalenwall", eine unsystematische und wirkungslose Verbindung aus Schützengräben und Panzersperren entlang der niederländischen Grenze[403], sorgten in letzter Konsequenz in Hagen für die Stillegung von Betrieben und verstärkten die Flüchtlingsströme in der Region.[404] Die Massenerscheinung der obdachlosen Zwangsarbeiter-

---

400 Paul, Gerhard: „Diese Erschießungen haben mich innerlich gar nicht mehr berührt." Die Kriegsendphasenverbrechen der Gestapo 1944/45, in: Paul, Gerhard, Mallmann, Klaus-Michael (Hrsg.): Die Gestapo im Zweiten Weltkrieg. „Heimatfront" und besetztes Europa, Darmstadt 2000, S.543-568, hier S. 545. (im folg. zit.: Paul, Gestapo).
401 Herbert, Fremdarbeiter, S. 379.
402 StadtA Hagen, Quellensammlung Zwangsarbeit, Konvolut Post: Schreiben der Fa. Johann Caspar Post Söhne an die Kreiskommission für den Totalen Kriegseinsatz, betr. Gestellung von Arbeitskräften für die Maulwurf-Aktion, v. 24.2.1945.
403 Vgl. Fasse, Norbert: Zur Geschichte der NS-Zwangsarbeit im Zweiten Weltkrieg, 2000, in: URL: http://www.geschichtskulturruhr.de/archiv/essen 001103/fasse.pdf, (Stand: 23.10.2002).
404 StadtA Hagen, Quellensammlung Zwangsarbeit, Konvolut Post: Schreiben der Fa. Johann Caspar Post Söhne, betr. Gestellung von Arbeitskräften ("Ostarbeiter") für die 12. Maulwurf-Aktion, v. 6.3.1945.

gruppen wurde durch die Rückführung der Ausländer beim Rückzug der Wehrmacht verstärkt. Diese Flüchtlingsströme sorgten für erhebliche Schwierigkeiten und schürten die Ängste bei der Bevölkerung und den Sicherheitsbehörden vor Gewaltaktionen ausländischer Arbeitskräfte, die mit dem Stichwort „Ausländerunruhen" umschrieben wurden.[405] Die Angst der sicherheitsparanoiden Gestapo vor Gewaltaktionen ausländischer Arbeitskräfte, in Verbindung mit der Tatsache, daß Deutschland zunehmend selbst zum militärischen Kampfplatz wurde, sorgte für eine zunehmende Radikalisierung der sicherheitspolizeilichen Methoden. Ein Telegramm der Staatspolizeileitstelle Düsseldorf markierte den Einschnitt für die Sicherheitsbehörden in der Hagener Region:

> „Die gegenwaertige (sic!) Gesamtlage wird Elemente unter den auslaendischen (sic!) Arbeitern und auch ehemalige deutsche Kommunisten veranlassen, sich umstuerzlerisch (sic!) zu betätigen. Größte Aufmerksamkeit ist daher geboten. Daß der Feind Vorbereitungen getroffen hat, geht aus Meldungen des O.-B.-West hervor. Es ist in allen sich zeigenden Fällen sofort und brutal zuzuschlagen. Die Betreffenden sind zu vernichten, ohne im formellen Weg vorher beim RSHA Sonderbehandlung zu beantragen."[406]

Durch diese Anweisung erfolgte eine maßnahmenstaatliche Entbürokratisierung und Dezentralisierung, die den unteren Diensträngen der Sicherheitsbehörden erhebliche Kompetenzen und Entscheidungsfreiheiten überließ. Den Gewaltpotentialen der Gestapo-Mitarbeiter waren nun keine Grenzen mehr gesetzt. Unterstützt wurde dieses brutale Vorgehen durch verschiedene Anordnungen des Gauleiters Westfalen-Süd, der beispielsweise befahl, ausländische Arbeiter zu erschießen, die versuchen sollten, sich bei Fliegeralarm in Sicherheit zu bringen.[407] Wie bereits an anderer Stelle erwähnt, scheint das „Flüchtlingsproblem" in der Hagener Region besonders schwere Ausmaße angenommen zu haben. In diesem Kontext erging die Anordnung:

---

405 StadtA Halver, K III/9, 1944-1947, Bd.10: Fernspruch der Gestapo Hagen, v. 26.9.1944.
406 Telegramm (Abschrift) der Staatspolizeitleitstelle Düsseldorf an die Leiter der Staatspolizeitleitstellen Düsseldorf, Münster, Dortmund und Köln betr. Liquidierung umstürzlerischer Aktivitäten, v. 24.01.1945, in: URL: http://www.hco.hagen.de/zwangsarbeit/edition/stapo450124.html, (Stand: 24.11.2002).
407 StadtA Herne, Bestand Wanne-Eickel, Akte Totaler Kriegseinsatz, gesammelte Anordnungen des Gauleiters Westfalen-Süd, Albert Hoffmann, v.19.3.1945, in: URL: http://www.hco.hagen.de/zwangsarbeit/edition/hoff450319r.html, (Stand: 23.11.2002).

> „Solche Ausländer, die sich bereits abseits der Rückführungsstraßen bewegen, oder herummarodieren, sind zu erschießen. Ich erwarte das hier scharf durchgegriffen wird."[408]

Überall im Rhein-Ruhrgebiet kam es im Frühjahr 1945 zu Massenexekutionen und willkürlichen Morden. Diese beschränkten sich nicht nur auf Zwangsarbeiter, auch inhaftierte Regimegegner und abgeschossene alliierte Piloten fielen der Lynchjustiz zum Opfer.[409]

Auch in Hagen kam es zu wilden Exekutionen. Im März 1945 wurden im „AEL Klöcknerwerk" mindestens zehn Männer und zwei Frauen erschossen. Drei weiteren Mordaktionen, nur wenige Tage vor dem Einmarsch der alliierten Truppen, fielen mindestens 30 Zwangarbeiter zum Opfer.[410] Ulrich Herbert schätzt, daß in den letzten Monaten des „Dritten Reiches" im Ruhrgebiet Tausende von Zwangsarbeitern[411] den Morden zum Opfer gefallen sind, die genaue Zahl wird sich wohl niemals ermitteln lassen. Die Beweggründe der Täter sind vielfältig und schwierig zu ergründen. Als vordergründigstes Motiv dürfte sicherlich Rache eine Rolle gespielt haben, da man in den wehrlosen Zwangsarbeitern einen willkommenen Sündenbock für die drohende Niederlage, die Zerstörungen des Luftkrieges und auch letztendlich der eigenen sich dem Ende zuneigenden Karriere sah. Viele der Gestapo-Mitarbeiter, Werkschutz-Wachleute und Volkssturm-Männer sahen in dem Ende des NS-Regimes auch ihr persönliches Ende gekommen, da zu diesem Zeitpunkt sich gewiß niemand eine Nachkriegskarriere vorstellen konnte. Ein anderer Grund war sicherlich die Erfüllung der rassistischen Ängste, da die „marodierenden und plündernden" „Ostarbeiter" nun genau das Klischee erfüllten, das die die NS-Propaganda jahrelang vermittelt hatte.

---

408 StA Münster, Kreis Meschede, Landratsamt Nr. 2377: Anordnung des Gauleiters Westfalen-Süd, Albert Hoffmann, v.16.3.1945, in: URL: http://www.hco.hagen.de/zwangsarbeit/edition/hoff450316.html, (Stand: 23.11.2002).
409 Paul, Gestapo, S. 563.
410 Lotfi, Gestapo, S. 305f.
411 Herbert, Fremdarbeiter, S. 391.

10. Zusammenfassende Schlußbetrachtung

Als das NS-Regime am Vorabend des Zweiten Weltkrieges den begrenzten und befristeten Einsatz von Kriegsgefangenen als Notstandsmaßnahme vorbereitete, ahnte es nicht, daß die Beschäftigung von Millionen von „Fremdarbeitern" das am heftigsten diskutierte Problem der nationalsozialistischen Innenpolitik nach 1939 werden würde. Die ersten Zwangsarbeiter, die nach Hagen kamen, waren polnische Kriegsgefangene, die auf Anforderung der Stadt eingesetzt wurden.

Der Stadtverwaltung, die als erste in Hagen auf die Arbeitskraft der gefangenen Soldaten zurückgriff, kam in der Frühphase des nationalsozialistischen „Arbeitseinsatzes" eine wichtige Rolle zu. Zwar blieb die Zahl der in den ersten Monaten eingesetzten Kriegsgefangenen sehr begrenzt, aber die Initiative der kommunalen Verwaltung signalisierte den Unternehmen, daß es möglich war, auf die billige Arbeitskraft der Ausländer zurückzugreifen und von ihr zu profitieren. Dabei übernahm die Stadt eine wichtige Bindegliedfunktion, indem sie den in dieser Hinsicht unerfahrenen Unternehmen half, die zahlreichen bürokratischen und organisatorischen Schwierigkeiten zu überwinden. Die Kommune profitierte in zweierlei Hinsicht von diesem Arrangement. Zum einen durch finanzielle Erträge aus Pacht und Mieten und zum anderen dadurch, daß die recht reibungslose Zusammenarbeit die Zuweisung an weiteren Arbeitskräften beschleunigte, von deren Arbeitskraft auch die städtischen Ämter einen direkten Nutzen hatten. Diese Führungsfunktion wurde auch durch die enge Kooperation mit der Organisation Todt gestärkt, die für den prestigeträchtigen Autobahnbau auch bereits früh Arbeitskräfte zugewiesen bekam. Über den Einfluß der NSDAP-Parteistellen in dieser Phase kann durch die fehlenden Quellen keine Aussage getroffen werden, es ist aber anzunehmen, daß sie sich durch die Person des Oberbürgermeisters Vetter, ausreichend repräsentiert fühlten.

Seit dem Jahreswechsel 1940/41 verlor die Stadt stetig an Einfluß. In dem sich seit 1942 rapide ausweitenden System bekamen die Betriebe eine immer größere Bedeutung für die Beschäftigung der ausländischen Kriegsgefangenen und Zivilarbeiter. Ihre Verantwortung erstreckte sich bald über nahezu alle Bereiche des täglichen Lebens der Ausländer. Die Kantinen in den Firmen verteilten das dürftige Essen, die Betriebe produzierten die Baracken, in denen die Arbeitskräfte untergebracht wurden, und der Werkschutz sorgte für die Bewachung und Bestrafung. Es wird deutlich, daß die Firmen in Hagen sich recht schnell in der Frage der Ausländerbeschäftigung von der Stadt emanzipierten, was sich sicher auch an ihrer steigenden Bedeutung für die Rüstungsproduktion festmachen läßt. Durch die Massendeportationen aus den eroberten Gebieten der Sowjetunion stieg die Zahl der in Hagen beschäftigten Zwangsarbeiter im Verlauf des Jahres 1942 sprunghaft an. Ein dichtes Netz von Lagern und Unterkünften überzog bald das Stadtgebiet, und kaum ein Betrieb konnte und wollte noch auf die Arbeitskraft der „Fremdarbeiter" verzichten. Das Bild der arbeitenden Kolonnen abgerissener und halb verhungerter „Ostarbeiter" wurde allmählich zum Alltag und zu einer Herausforderung für das nationalsozialistische System, das seine ideologischen Stützpfeiler zusehends gefährdet sah.

Mit dem Beginn des Jahres 1943 läßt sich in der Behandlung der ausländischen Arbeitskräfte reichsweit wie auch auf der lokalen Ebene eine Zäsur feststellen. Durch die rasch anschwellenden Fluchtzahlen alarmiert riß der staatspolizeiliche Überwachungs- und Terrorapparat weitreichende Befugnisse an sich, die den schwelenden Konflikt zwischen dem rassenideologischen Anspruch und den kriegsbedingten Notwendigkeiten weiter verstärkte. Die Auseinandersetzung um eine bessere Behandlung der ausländischen Arbeitskräfte zur Steigerung ihrer Leistungen, führte zu einer widersprüchlichen Politik. Einerseits wurde durch verschiedene Maßnahmen versucht, die Arbeitsleistungen der Zwangsarbeiter zu erhöhen, um im rüstungswirtschaftlichen Wettlauf mit den Alliierten mithalten zu können, und andererseits verschärfte der Staat massiv seine Repressionen gegenüber den ausländischen Arbeitern. Dabei beschränkte er seinen rassistischen Terror auf die Bereiche, die nicht unmittelbar die Arbeitsleistungen der Betriebe berührten: auf die „Behandlung" erkrankter oder schwangerer und damit arbeitsunfähiger Menschen sowie auf flüchtige „Fremdarbeiter", die sich selbst dem Arbeitsprozeß entzogen hatten. Dabei erfolgte der Einschnitt in der Straf- und Repressionspraxis im regionalen Raum vergleichsweise früh. Bereits seit Beginn des Jahres 1943 erfolgte sukzessiv eine Verschärfung der Strafpraxis. Hatte die Gestapo noch wenige Monate zuvor einen Teil der Zuständigkeit auf die Ordnungspolizei und die Betriebe delegiert, so forderte sie diese nun verstärkt zurück. Dies gibt Aufschluß über das Unbehagen, mit dem der staatspolizeiliche Sicherheitsapparat die Entwicklung verfolgte und zeigt auch, wie eng man versuchte, in vorauseilendem Gehorsam die Anordnungen aus Berlin zu erfüllen. Den Unternehmen gelang es, einhergehend mit der kriegsbedingt verstärkten Forderung nach Rüstungsgütern, ihre Bestrebungen nach einer ökonomisch begründeten Verbesserung der Lebensbedingungen durchzusetzen. Dies zeigte sich auf lokaler Ebene daran, daß die Gestapo gegen die sanktionslose Wiedereinstellung geflohener Zivilarbeiter durch die Firmen und Betriebe nichts unternahm. Das Dilemma des ideologischen „Herrenmenschen-Anspruchs" und der faktischen Abhängigkeit von der Arbeitskraft von Millionen von „Untermenschen" versuchten die Sicherheitsbehörden, mit einer enthemmten Brutalität zu kompensieren. Dabei mußten sie erkennen, daß das Prinzip einer Abschreckung durch Terror, den Zerfall des Zwangsarbeitssystem nicht aufhalten konnte. Die spezielle Rolle der Hagener Region in der Kriegsendphase geriet den zahlreichen hierher getriebenen und geflüchteten Ausländern zum Nachteil. Durch die Bestimmung als Durchgangs- bzw. Auffangregion, für die vielen tausend Zwangsarbeiter im Rhein-Ruhr Gebiet, scheint die Kumulation der Gewaltexzesse besonders erschreckende Formen angenommen zu haben.

Die Lebens- und Arbeitsbedingungen der Zivilarbeiter und Kriegsgefangenen in Hagen entsprachen im wesentlichen dem, was auch aus anderen Städten der Region überliefert ist. Das Leben der Zwangsarbeiter in den Städten war entbehrungsreicher, als beim Einsatz in der Landwirtschaft. Die schlechte Verpflegung, die Unterbringung in verdreckten Massenunterkünften und die ab dem Jahr 1943 stark ansteigende Gefährdung durch Bombenangriffe bestimmten den Alltag. Eine stärkere Konzentrierung auf eine Darstellung aus der Perspektive der Zwangsarbeiter[412] wäre wünschenswert gewesen, ließ sich aber im Rahmen dieser Arbeit nicht leisten. Daher konnten einige wichtige Aspekte wie z.B. die spezielle Situation der Zwangsarbeiterinnen nicht berücksichtigt werden oder wurden nur angerissen.

Das System der nationalsozialistischen Zwangsbeschäftigung war durchzogen von Widersprüchen und Konfliktfeldern. Dadurch ergaben sich weite Handlungsspielräume für die Personen, die den direkten Alltag der Kriegsgefangenen und Zivilarbeiter maßgeblich bestimmten. Im Verlauf der Arbeit wurde deutlich, daß die mögliche Ausgestaltung dieser Freiräume fast ausschließlich zum Schaden der Zwangsarbeiter genutzt wurde. Mögliche Beispiele humanen Verhaltens den Ausländern gegenüber mag es gegeben haben, finden aber kaum Niederschlag in den Quellen oder Zeitzeugenberichten. Es wurde deutlich, daß die meisten der Wachleute, Vorarbeiter oder Lagerführer, die Behandlung ganz im Sinne der NS-Ideologie ausübten, wobei tradierte Vorurteile und rassistische Propaganda ihren Teil dazu beitrugen. Schikane und Mißhandlungen war für die meisten Zwangsarbeiter bestimmendes Element ihres Alltags. Dabei boten die Anordnungen und Erlasse der zentralen und mittleren Instanzen genügen Möglichkeiten, sich zumindest annähernd human zu verhalten. Nirgendwo war „Hass" als Behandlungsgrundlage vorgeschrieben, und es sind keine Fälle bekannt, bei denen jemand wegen menschlicher Behandlung von Zwangsarbeitern Repres-

---

412 Beispielsweise in Form einer „Oral-History"-Befragung ehemaliger Zwangsarbeiter aus Hagen.

sionen erdulden mußte. In der letzten Phase des Krieges im Frühjahr 1945 traten viele dieser Männer, die oftmals jahrelang den Alltag der ausländischen Arbeitskräfte bestimmt hatten, den Beweis gegenüber dem NS-Regime an, auch ohne direkten Befehl einer übergeordneten Instanz, in ihrem Sinne zu handeln. Die zahlreichen Massenmorde und willkürlichen Exekutionen geschahen zu einem Zeitpunkt, als das Bewachungspersonal die größten Freiheiten im Verhalten gegenüber den Zwangsarbeitern hatte. Das teilweise nur wenige Stunden vor dem Einmarsch der alliierten Truppen noch viele Ausländer getötet wurden, zeigt, wie sehr das dem NS-Zwangsarbeitereinsatz innewohnende System des Rassismus verinnerlicht worden war.

Mit dem Einmarsch der amerikanischen Truppen im April 1945 endete das „Dritte Reich" und damit auch das nationalsozialistische System der Zwangsarbeit in Hagen. Doch damit war der Leidensweg vieler Zwangsarbeiter nicht vorbei. Für viele von ihnen begann als sogenannte „Displaced Persons"[413] ein zweiter Leidensweg. Besonders die Arbeitskräfte aus der Sowjetunion erwartete bei der Repatriierung nicht selten eine Einweisung in ein stalinistisches „Filtrationslager".[414] Unmittelbar nach Kriegsende kam es zu Plünderungen und Racheakten ehemaliger Zwangsarbeiter. Obwohl solches auch bei Deutschen vorkam, entstand in der Öffentlichkeit bald das Bild von stehlenden und mordenden „Displaced Persons". Dabei wurde die Verantwortung der Deutschen als Ursache für diese Vergehen allzu leicht ausgeklammert. Für die meisten Einwohner der Stadt blieb das Bild von kriminellen ehemaligen Zwangsarbeitern einer der letzten Erinnerungsreste aus der Zeit des nationalsozialistischen Ausländereinsatzes. Damit ist, zumindest teilweise, auch zu erklären, warum die Frage der Entschädigung ehemaliger Zwangsarbeiter nur so widerwillig und spät in der Öffentlichkeit diskutiert wurde.

---

413 Zu den „Displaced Persons" in Hagen vgl. Kruse, Kristina: Deutsche und Displaced Persons in Hagen nach 1945, Münster 1998 (Examensarbeit, unveröff.).
414 Bonwetsch, Zwangsarbeiter, S. 540ff.

11. Quellenverzeichnis

11.1 Archivalische Quellen

11.1.1 Stadtarchiv Hagen (StadtA Hagen)

Zeitungssammlung

Stadtkundliche Bibliothek, Dienstliche Mitteilungen für die Stadtverwaltung-Hagen, Jg. 1940-1944.

Bestand Hagen I, Akten: I; II; 6244; 6532; 7736; 7563; 7745; 8185; 8362; 10341; 10607; 10821

Bestand Hohenlimburg

Sammlung Hagen 20

Quellensammlung Zwangsarbeit:

Konvolut Post

Einäscherungslisten des Krematoriums Hagen 1941 – 1944

Bestand Hausbücher

Ordner Prüfungsberichte betr. Jahresabschluß der Wirtschaftsprüfer bei den Hagener Stadtwerken 1938-1945

Gefolgschaftsverzeichnis, Dienstverpflichtungen Schmiedag (in Kopie)

Fotokopien verschiedener Quellen aus folgenden Beständen des Bundesarchivs[415]:

Bundesarchiv-Militärarchiv, Freiburg i. Br. (BA-MA)

RW 20 - 6	Kriegstagebuch Rüstungsinspektion VI Münster 1939-1944	
RW 21-14	Kriegstagebuch des Rüstungskommandos Dortmund 1940-1944	
RW 19	Oberkommando der Wehrmacht/Wehrwirtschafts- und Rüstungsamt	

---

415   Hierbei handelt es sich um autorisierte Fotokopien verschiedener Quellen aus dem Bundesarchiv bzw. aus dem Staatsarchiv Münster. Da diese Quellen aus verschiedenen Beständen stammen und mit keiner eigenen Signatur innerhalb der Quellensammlung Zwangsarbeit verzeichnet sind, werden die Originalbestände aufgeführt.

Bundesarchiv-Zwischenarchiv Dahlwitz-Hoppegarten (BA-ZA)

    R 10 III   Reichsvereinigung Eisen (RVE)

Bundesarchiv Berlin (BA, B)

    R 3   Reichsministerium für Rüstung und Kriegsproduktion

    R 3901   Reichsarbeitsministerium

    NS 19   Persönlicher Stab Reichsführer SS

Nordrhein-Westfälisches Staatsarchiv Münster (StA Münster)

    Regierung Arnsberg III B Forsten

11.1.2 Stadtarchiv Halver (StadtA Halver)
Bestand K III/9 1940-1947, Bd. 1 – 9

11.2 Quellen in digitaler Edition im Internet

StadtA Herne, Bestand Herne, Kasten 21, Akte LS-Sofortprogramm-Arbeitskräfteeinsatz: Anordnung des Gauleiters Westfalen Süd, Albert Hoffmann, v.19.8.1943, in: URL: http://www.hco.hagen.de/zwangsarbeit/edition/hoff430819.html

Arbeitskräfte im AFA-Werk Hagen, 1.Quartal 1939 – 1. Quartal 1945, National Archives, Washington D.C, Record Group 243 [USSBS], Report 92a [AFA-Hagen], in: URL: http://www.historischescentrum.de/zwangsarbeit/edition/belegschaft_afawerk.htm

National Archives, Washington, D.C., RG 243:92e-24: Aktennotiz des Personalbüros des AFA-Werks Hagen für den Werksdirektor Hermann Clostermann ,betr. Arbeitskräfte v. 19.11.1942, in: URL: http://www.historisches-centrum.de/zwangsarbeit/edition/afa421119.html

National Archives, Washington, D.C., RG 243:92e-24: Protokoll der Deutschen Arbeitsfront, Kreiswaltung Hagen, v. 1.2.1944 über die Besichtigung des Gemeinschaftslagers der AFA, in: URL: http://www.hco.hagen.de/zwangsarbeit/edition/daf440201v.html

StadtA Hagen, Quellensammlung Zwangsarbeit, Konvolut Arbeitsbücher: Ersatzkarte für das Arbeitsbuch eines französischen Arbeiters, der seit dem 17.5.1943 im Reinigungsamt der Stadtverwaltung Hagen eingesetzt wurde, in: URL: http://www.hco.hagen.de/zwangsarbeit/edition/stadtab1.htm

11.3 Gedruckte Quellen

Barbero, Giuseppe: Kreuz hinter Drahtverhau, in: Hagener Geschichtsverein (Hrsg.): So wie es eigentlich gewesen. Erinnerungen Hagener Zeitzeugen, Teil 2, Hagen 2002, S. 17-92 (Hagener Geschichtshefte; Bd.5).

Behnken, Klaus (Hrsg.): Deutschland-Berichte der Sozialdemokratischen Partei Deutschlands (Sopade) 1934-1940, 6. Jhg., 1939, Nr.2.

"Catalogue of Camps and Prisons in Germany and German-Occupied Territories Sept 1st 1939 - May 8th 1945", in: Weinmann, Martin (Hrsg.): Das nationalsozialistische Lagersystem, Frankfurt a. M.1990.

Didier, Friedrich: Handbuch für die Dienstellen des Generalbevollmächtigten für den Arbeitseinsatz und die interessierten Reichsstellen im Großdeutschen Reich und den besetzten Gebieten, Berlin 1944.

Hertel, Phillip: Arbeitseinsatz ausländischer Zivilarbeiter, Stuttgart 1942.

Steitz, Walter (Hrsg.): Quellen zur deutschen Wirtschafts- und Sozialgeschichte in der Zeit des Nationalsozialismus, Bd.1 1933-1939, Darmstadt 2000.

Willeke, Eduard: Der Arbeitseinsatz im Krieg, Jahrbücher für Nationalökonomie und Statistik 154 (1941), S. 177-201, 311-348.

12. Literaturverzeichnis

Barkai, Avraham: Das Wirtschaftssystem des Nationalsozialismus. Ideologie, Theorie, Politik 1933-1945, Frankfurt a.M. 1988².

Blank, Ralf: Die Stadt Hagen im Bombenkrieg, in: Sollbach, Gerhard E. (Hrsg.): Hagen 1939-1948. Kriegsjahre und Nachkriegszeit. Hagen 1995³ (Hagener Stadtgeschichte(n); Bd. 4), S. 8 – 26.

Blank, Ralf: NS-Herrschaft und Kriegsjahre in Hagen, in: Becker, Jochen, Zabel, Hermann (Hrsg.): Hagen unterm Hakenkreuz, Hagen 1996², S. 333-368.

Blank, Ralf: Energie für die „Vergeltung". Die Akkumulatoren Fabrik AG Hagen und das deutsche Raktenprogramm 1942-1945, in: Hagener Jahrbuch 3 (1997), S. 141-151.

Blank, Ralf: U-Bootbatterien aus Hagen. Die Accumulatoren Fabrik AK und der U-Bootbau, 1998, in: URL: http://www.historisches-centrum.de/stadtgeschichte/afa/

Blank, Ralf: Die Stadt Hagen im Zweiten Weltkrieg, 1998, in: URL: http://www.hco.hagen.de/ns-zeit/hagen/hagen1.htm

Blank, Ralf: Führerkorps der NSDAP. Ausgewählte Biographien führender Nazis im Ruhrgebiet, 1999, in: URL: http://www.historisches-centrum.de/ns-zeit/

Blank, Ralf: „...ein fanatischer Anhänger der nationalsozialistischen Lehre". Heinrich Vetter und die Vergangenheitsbewältigung in Hagen, in: Hagener Jahrbuch 4 (1999), S. 149-172.

Blank, Ralf, Hobein, Beate: Zwangsarbeit im „Dritten Reich". Ein regionalhistorisches Forschungsprojekt am Historischen Centrum Hagen, in: Forum Industriedenkmalpflege und Geschichtskultur (2) 2000, S. 49-53.

Blank, Ralf: Arbeiten für die Kriegsrüstung im Zweiten Weltkrieg. Zwangsarbeit in Hagen 1939-1945. Stahlwerke Harkort & Eicken GmbH, 2001, in: URL: http://www.historisches-centrum.de/zwangsarbeit/s-20.html

Blank, Ralf: Arbeiten für die Kriegsrüstung im Zweiten Weltkrieg. Zwangsarbeit in Hagen 1939-1945. Hoesch AG, 2001, in: URL: http://www.historisches-centrum.de/zwangsarbeit/h-23.html

Bockermann, Dirk: Fremdarbeiter und Kriegsgefangene. Unmenschliche Schicksale auf der Hasper Hütte, in: Bockermann, Dirk: Hasper Gold. Ein Lesebuch zur Geschichte der Hasper Hütte, Hagen 1999.

Boberach, Heinz, Thommes, Rolf, Weiß, Hermann (Bearb.): Ämter, Abkürzungen, Aktionen des NS-Staates. Handbuch für die Benutzung von Quellen der nationalsozialistischen Zeit. Amtsbezeichnungen, Ränge und Verwaltungsgliederungen, Abkürzungen und nicht-militärische Tarnbezeichnungen, München 1997, (Texte und Materialien zur Zeitgeschichte; Bd. 5).

Bonwetsch, Bernd: Sowjetische Zwangsarbeiter vor und nach 1945. Ein doppelter Leidensweg, in: Jahrbücher für Geschichte Osteuropas 41 (1993), S. 532-546.

Brozat, Martin: Nationalsozialistische Polenpolitik 1939-1945, Stuttgart 1961.

Bürgener, Martin: Hagen. Eine junge Industriegroßstadt im märkischen Sauerland, Hagen 1960.

Czeslaw, Luczak: Polnische Arbeiter im nationalsozialistischen Deutschland während des Zweiten Weltkriegs. Entwicklung und Aufgaben der polnischen Forschung, in: Herbert, Ulrich: Europa und der „Reichseinsatz". Ausländische Zivilarbeiter, Kriegsgefangene und KZ-Häftlinge in Deutschland 1938 – 1945, Essen 1991.

Durand, Yves: Vichy und der „Reichseinsatz", in: Herbert, Ulrich: Europa und der „Reichseinsatz". Ausländische Zivilarbeiter, Kriegsgefangene und KZ-Häftlinge in Deutschland 1938 – 1945, Essen 1991.

Eichholtz, Dietrich: Geschichte der deutschen Kriegswirtschaft 1939-1945, Bd. 1, Berlin (Ost) 1984.

Eichholtz, Dietrich: Die „Krautaktion". Ruhrindustrie, Ernährungswissenschaft und Zwangsarbeit 1944, in: Herbert, Ulrich (Hrsg.): Europa und der „Reichseinsatz". Ausländische Zivilarbeiter, Kriegsgefangene und KZ-Häftlinge in Deutschland 1938-1945, Essen 1991, S. 270 – 294.

Eichholtz, Dietrich: Unfreie Arbeit – Zwangsarbeit, in: Eichholtz, Dietrich (Hrsg.): Krieg und Wirtschaft. Studien zur deutschen Wirtschaftsgeschichte 1939-1945, Berlin 1999, S. 129-158.

Eichholtz, Dietrich: Probleme und Praxis der Zwangsarbeit in der deutschen Kriegswirtschaft, in: Meyer, Winfried, Neitmann, Klaus (Hrsg.): Zwangsarbeit während der NS-Zeit in Berlin und Brandenburg. Formen, Funktion und Rezeption, Potsdam 2001, S. 3 – 22.

Fasse, Norbert: Zur Geschichte der NS-Zwangsarbeit im Zweiten Weltkrieg, 2000, in: URL:http://www.geschichtskulturruhr.de/archiv/essen001103/fasse.pdf

Fings, Karola: Kommunen und Zwangsarbeit, in: Winkler, Ulrike (Hrsg.): Stiften gehen. NS-Zwangsarbeit und Entschädigungsdebatte, Köln 2000, S. 108-129.

Frevert, Ute: Frauen, in: Benz, Wolfgang, Graml, Hermann, Weiß, Hermann (Hrsg.): Enzyklopädie des Nationalsozialismus, München³ 1998, S. 220-234.

Grieger, Manfred: Die vergessenen Opfer der Bochumer „Heimatfront". Ausländische Zwangsarbeiter, Kriegsgefangene und KZ-Häftlinge in der heimischen Rüstungswirtschaft 1939 – 1945, Bochum 1991.

Herbert, Ulrich: Der „Ausländereinsatz". Fremdarbeiter und Kriegsgefangene in Deutschland 1939-1945 – ein Überblick, in: Aly, Götz u.a. (Hrsg.): Herrenmensch und Arbeitsvölker. Ausländische Arbeiter und Deutsche 1939 – 1945, Berlin 1986 (Beiträge zur nationalsozialistischen Gesundheits- und Sozialpolitik; Bd. 3).

Herbert, Ulrich: Arbeit und Vernichtung. Ökonomisches Interesse und Primat der „Weltanschauung" im Nationalsozialismus, in: Herbert, Ulrich: Europa und der „Reichseinsatz". Ausländische Zivilarbeiter, Kriegsgefangene und KZ-Häftlinge in Deutschland 1938 – 1945, Essen 1991.

Herbert, Ulrich (Hrsg.): Europa und der „Reichseinsatz". Ausländische Zivilarbeiter und KZ-Häftlinge in Deutschland 1938-1945, Essen 1991.

Herbert, Ulrich: Fremdarbeiter. Politik und Praxis des „Ausländer-Einsatzes" in der Kriegswirtschaft des Dritten Reiches, Berlin, Bonn 1999².

Herbert, Ulrich: Der „Ausländereinsatz" in der deutschen Kriegswirtschaft 1939-1945, in: Spanjer, Rimco, Oudesluijs, Diete, Meijer, Johan (Hrsg.): Zur Arbeit gezwungen. Zwangsarbeit in Deutschland 1940-1945, Bremen 1999, S. 13-22.

Herbert, Ulrich: Zwangsarbeit im „Dritten Reich". Kenntnisstand, offene Fragen, Forschungsprobleme, in: Reininghaus, Wilfried, Reimann, Norbert (Hrsg.): Zwangsarbeit in Deutschland 1939-1945. Archiv- und Sammelgut, Topographie und Erschließungsstrategien, Bielefeld 2001, S. 16-38.

Herbert, Ulrich: Geschichte der Ausländerpolitik in Deutschland. Saisonarbeiter, Zwangsarbeiter, Gastarbeiter, Flüchtlinge, München 2001.

Heusler, Andreas: Prävention durch Terror. Die Gestapo und die Kontrolle der ausländischen Zwangsarbeiter am Beispiel München, in: Paul, Gerhard, Mallmann, Klaus-Michael (Hrsg.): Die Gestapo im Zweiten Weltkrieg. „Heimatfront" und besetztes Europa, Darmstadt 2000, S. 222-236.

Historischer Verein für Stadt und Stift Essen, Stadtarchiv Essen (Hrsg.): Zwangsarbeit in Essen. Begleitheft für den Geschichtswettbewerb für Schülerinnen und Schüler, Essen 2001.

Hobein, Beate: Zwangsarbeit in Hagen. Ratsvorlage und Rechercheergebnisse, in: Hagener Impuls (23) 2000, S. 21-32.

Homze, Edward L.: Foreign Labor in Nazi Germany, Princeton 1967.

Hopmann, Barbara, Spoerer, Mark, Weitz, Birgit, Brüninghaus, Beate: Zwangsarbeit bei Daimler-Benz, Stuttgart 1994.

Höcke, Klaus, Zabel Hermann: Die Auflösung der Weimarer Republik, in: Becker, Jochen, Zabel, Hermann (Hrsg.): Hagen unterm Hakenkreuz, Hagen 1996², S. 19-56.

Högl, Günther: Städtische Überlieferung und Ersatzüberlieferung zur Zwangsarbeit in Dortmund, in: Reininghaus, Wilfried, Reimann, Norbert (Hrsg.): Zwangsarbeit in Deutschland 1939-1945. Archiv- und Sammelgut, Topographie und Erschließungsstrategien, Bielefeld 2001, S. 97 – 105.

Krabbe, Wolfgang R.: Wachsende Stadt – schrumpfender Landkreis. Die Eingemeindungen der Stadt Hagen von 1876 bis 1975, in: Brandt, Peter, Hobein, Beate: 1746/1996. Beiträge zur Geschichte der Stadt Hagen, Essen 1996.

Kranig, Andreas: Arbeitnehmer, Arbeitsbeziehungen und Sozialpolitik unter dem Nationalsozialismus, in: Bracher, Karl Dietrich, Funke, Manfred, Jacobsen, Hans-Adolf (Hrsg.): Deutschland 1933-1945. Neue Studien zur nationalsozialistischen Herrschaft, Bonn 1992, S. 135-153.

Kratzsch, Gerhard: Der Gauwirtschaftsapparat der NSDAP. Menschenführung – „Arisierung" – Wehrwirtschaft im Gau Westfalen Süd, Münster 1989.

Krüger, Norbert: Die Bombenangriffe auf das Ruhrgebiet im Frühjahr 1943, in: Borsdorf, Ulrich, Jamin, Mathilde (Hrsg.): Über Leben im Krieg. Kriegserfahrung in einer Industrieregion 1939-1945, Hamburg 1989, S. 88-100.

Kruse, Kristina: Deutsche und Displaced Persons in Hagen nach 1945, Münster 1998 (Examensarbeit, unveröff.).

Lofti, Gabriele: Stätten des Terrors. Die „Arbeitserziehungslager" der Gestapo, in: Paul, Gerhard, Mallmann, Klaus-Michael (Hrsg.): Die Gestapo im Zweiten Weltkrieg. „Heimatfront" und besetztes Europa, Darmstadt 2000, S. 255-269.

Lotfi, Gabriele: KZ der Gestapo. Arbeitserziehungslager im Dritten Reich, Stuttgart, München 2000.

Ludewig, Hans-Ulrich: Zwangsarbeit im Zweiten Weltkrieg. Forschungstand und Ergebnisse regionaler und lokaler Fallstudien, in: Archiv für Sozialgeschichte 31 (1991), S. 558-577.

Maier, Dieter G.: Arbeitsverwaltung und NS-Zwangsarbeit, in: : Winkler, Ulrike (Hrsg.): Stiften gehen. NS-Zwangsarbeit und Entschädigungsdebatte, Köln 2000, S. 67-84.

Mommsen, Hans, Grieger, Manfred: Das Volkswagenwerk und seine Arbeiter im Dritten Reich, Düsseldorf 1996.

Mues, Willi: Der große Kessel. Eine Dokumentation über das Ende des Zweiten Weltkrieges zwischen Lippe und Ruhr/Sieg und Lenne, Lippstadt 1984.

Müller, Rolf-Dieter: Die Zwangsrekrutierung von „Ostarbeitern" 1941-1944, in: Michalka, Wolfgang (Hrsg.): Der Zweite Weltkrieg. Analysen, Grundzüge, Forschungsbilanz, München 1989.

Müller Rolf-Dieter: Albert Speer und die Rüstungspolitik im totalen Krieg, in: Militärgeschichtliches Forschungsamt (Hrsg.): Organisation und Mobilisierung des deutschen Machtbereiches. Kriegsverwaltung, Wirtschaft und Personelle Ressourcen 1942-1944/45, Stuttgart 1999, S. 273 - 773 (Das Deutsche Reich und der Zweite Weltkrieg ; Bd. 5,2).

Naasner, Walter: Neue Machtzentren in der deutschen Kriegswirtschaft 1942-1945. Die Wirtschaftsorganisation der SS, das Amt des Generalbevollmächtigten für den Arbeitseinsatz und das Reichsministerium für Bewaffnung und Munition/Reichsministerium für Rüstung und Kriegsproduktion im nationalsozialistischen Herrschaftssystem, Boppard a. Rhein 1994, (Schriften des Bundesarchivs; Bd. 45).

Otto, Reinhard: Wehrmacht, Gestapo und sowjetische Kriegsgefangene im deutschen Reichsgebiet 1941/42, München 1998 (Schriftenreihe der Vierteljahrshefte für Zeitgeschichte; Bd. 77).

Paul, Gerhard: „Diese Erschießungen haben mich innerlich gar nicht mehr berührt." Die Kriegsendphasenverbrechen der Gestapo 1944/45, in: Paul, Gerhard, Mallmann, Klaus-Michael (Hrsg.): Die Gestapo im Zweiten Weltkrieg. „Heimatfront" und besetztes Europa, Darmstadt 2000, S. 543-568.

Pfahlmann, Hans: Fremdarbeiter und Kriegsgefangene in der deutschen Kriegswirtschaft 1939-1945, Darmstadt 1968.

Pohl, Jürgen: Zwangsarbeit und Kriegsgefangene in Recklinghausen im Zweiten Weltkrieg, Recklinghausen 2001.

Reininghaus, Wilfried: Zwangsarbeit und Zwangarbeiter in Westfalen 1939-1945, 2000, Quellen des Staatsarchiv Münster, in: URL: http://www.archive.nrw.de/dok/reininghaus01/

Schäfer, Annette: Zwangsarbeit in den Kommunen. Ausländereinsatz in Württemberg 1939, in: Vierteljahrshefte für Zeitgeschichte 49 (2001), S. 53-75.

Schmid, Hans-Dieter: Die Geheime Staatspolizei in der Endphase des Krieges, in: Geschichte in Wissenschaft und Unterricht 51 (2000), S. 528-539.

Schreiber, Gerhard: Die italienischen Militärinternierten im deutschen Machtbereich 1943 bis 1945. Verraten - Verachtet - Vergessen, München 1990,(Beiträge zur Militärgeschichte; Bd. 28).

Schreiber, Gerhard: Die italienischen Militärinternierten - politische, humane und rassenideologische Gesichtspunkte einer besonderen Kriegsgefangenschaft, in: Müller, Rolf-Dieter,Volkmann, Hans-Erich: Die Wehrmacht. Mythos und Realität, München 1999, S. 803 - 814.

Schuhladen – Krämer, Jürgen: Zwangsarbeit in Karlsruhe 1939-1945. Ein unbekanntes Kapitel Stadtgeschichte, Karlsruhe 1997, (Forschungen und Quellen zur Stadtgeschichte; Bd.3).

Schwarze, Gisela: Kinder die nicht zählten. Ostarbeiterinnen und ihre Kinder im 2. Weltkrieg, Essen 1997.

Seidel, Hans-Christoph: „Zwangsarbeit im deutschen Kohlenbergbau (ZIB)". Ein historisches Forschungsprojekt am Institut für soziale Bewegungen, o.J., in: URL: http://www.ruhr-uni- bochum.de/isb/institut/isbhauptframe/mitteilungsheft/texte/forschung_ZIB.pdf

Simon, Dietmar: Hagen und der Eisenbahnbau. Strukturpolitik und Wirtschaftsentwicklung im 19. Jahrhundert, in: Brandt, Peter, Hobein, Beate: 1746/1996. Beiträge zur Geschichte der Stadt Hagen, Essen 1996, S. 76-87.

Sinnwell, Werner: Fremdarbeiter in der Gemeinde Halver 1939-1945, Hagen 1995.

Sollbach, Gerhard E.: Kriegsende und frühe Nachkriegszeit, in: Sollbach, Gerhard E. (Hrsg.): Hagen 1939-1948. Kriegsjahre und Nachkriegszeit, Hagen 1995[3], S. 28 – 64. (Hagener Stadtgeschichte(n); Bd.4).

Spoerer, Mark: Profitierten Unternehmen von KZ-Arbeit ?. Eine kritische Analyse der Literatur, in: Historische Zeitschrift 268 (1999), S. 61-95.

Spoerer, Mark: Zwangsarbeit im Dritten Reich. Verantwortung und Entschädigung, in: Geschichte in Wissenschaft und Unterricht 51 (2000), S. 508 – 527.

Spoerer, Mark: Zwangsarbeit unter dem Hakenkreuz. Ausländische Zivilarbeiter, Kriegsgefangene und Häftlinge im Deutschen Reich und im besetzten Europa 1939 – 1945, Stuttgart, München 2001.

Spoerer, Mark: NS-Zwangsarbeiter im Deutschen Reich. Eine Statistik vom 30. September 1944 nach Arbeitsamtsbezirken, in: Vierteljahrshefte für Zeitgeschichte 49 (2001), S. 665-684.

Stopsack, Hans-Hermann, Thomas, Eberhard: Stalag VI A Hemer. Kriegsgefangenenlager 1939-1945. Eine Dokumentation, Hemer 1995.

Stöcker, Rainer: Tatort Hagen 1933 – 1945. Geschichte der Hagener Arbeiterbewegung, Bd. 3, Essen 1993, S. 207-224.

Streit, Christian: Sowjetische Kriegsgefangene – Massendeportationen – Zwangsarbeiter, in: Michalka, Wolfgang (Hrsg.): Der Zweite Weltkrieg. Analysen, Grundzüge, Forschungsbilanz, München 1989.

Streit, Christian: Keine Kameraden. Die Wehrmacht und die sowjetischen Kriegsgefangenen 1941-1945, Bonn 1997[4].

Tillmann, Elisabeth: Zum „Reichseinsatz" nach Dortmund. Das Schicksal französischer Zwangsarbeiter im Lager Loh 1943-1945, Dortmund 1995.

Timm, Elisabeth: Kommunale Quellen zur Zwangsarbeit. Erschließung einer Ausländermeldekartei mit einer Datenbank, in: Reininghaus, Wilfried, Reimann, Norbert (Hrsg.): Zwangsarbeit in Deutschland 1939-1945. Archiv- und Sammelgut, Topographie und Erschließungsstrategien, Bielefeld 2001, S. 121-132.

Volkmann, Hans-Erich: Polen im politisch-wirtschaftlichen Kalkül des Dritten Reiches 1933-1939, in: Michalka, Wolfgang (Hrsg.): Der Zweite Weltkrieg. Analysen, Grundzüge, Forschungsbilanz, München 1989, S. 74-92.

Wagner, Matthias: „Arbeit macht Frei". Zwangsarbeit in Lüdenscheid 1939-1945, Lüdenscheid 1997.

Weißbecker, Manfred: „So einen Arbeitseinsatz wie in Deutschland gibt es nicht noch einmal auf der Welt!". Fritz Sauckel – Generalbevollmächtigter für den Arbeitseinsatz, in: Winkler, Ulrike (Hrsg.): Stiften gehen. NS-Zwangsarbeit und Entschädigungsdebatte, Köln 2000, S. 41-66.

Wysocki, Hermann: Arbeit für den Krieg. Herrschaftsmechanismen in der Rüstungsindustrie des „Dritten Reiches". Arbeitseinsatz, Sozialpolitik und staatspolizeiliche Repression bei den Reichswerken „Hermann Göring" im Salzgitter-Gebiet 1937/38 bis 1945, Braunschweig 1992.

Zabel, Hermann (Hrsg.): Hohenlimburg unterm Hakenkreuz. Beiträge zur Geschichte einer Kleinstadt im Dritten Reich, Essen 1998.

Dank

Das vorliegende Werk wurde zum Wintersemester 2002/2003 an der Fakultät für Geschichtswissenschaft der Ruhr-Universität Bochum als Magisterarbeit angenommen und ist in seiner Entstehung eng mit dem Hagener Forschungsprojekt zur NS-Zwangsarbeit verknüpft. Allen, die zum Gelingen der Arbeit beigetragen haben, möchte ich an dieser Stelle herzlich danken.

Mein besonderer Dank gilt Herrn Professor Dr. Norbert Frei und Herrn Professor Dr. Christian Jansen für die Betreuung und Begutachtung der Arbeit.

Ebenso danke ich dem Team des Historischen Centrums Hagen, insbesondere Ralf Blank und Andreas Korthals, die mit vielen Hinweisen und nützlichen Tips die Entstehung des Buches begleitet haben.

Auch möchte ich hier die Mitarbeiter und Mitarbeiterinnen der Bibliothek des Ruhrgebiets am Institut für soziale Bewegungen in Bochum nennen, die mir mit dem Zugriff auf ihre umfangreichen Bestände zur Zwangsarbeit, die Recherchen sehr erleichtert haben.

Nicht zuletzt danke ich meiner Mutter und meinen Freunden, die mit ihren Anregungen und Korrekturvorschlägen nicht unerheblich zum Gelingen dieser Arbeit beigetragen haben.

www.ingramcontent.com/pod-product-compliance
Lightning Source LLC
Chambersburg PA
CBHW030446300426
44112CB00009B/1195